從選豆到萃取，咖啡職人的真誠獨白

精品咖啡修行者

朱明德、周正中

推薦序

（謹依到稿順序刊出）

「咖啡的沉思者」

文／李興文（永遠的班長）

塞風壺氤氳升起的輕煙在他的眼神中飄過，他專注的神情，彷彿為所烹煮的咖啡注入了濃郁的香氣，流淌出來的不止是咖啡，而是躍然於馨香之中的生命力！

如果一個悟道者悟出的是對生命的法喜與充滿無窮的喜悅，那他肯定是從咖啡中悟出如何讓人們對咖啡抱以崇高的信仰！

人從「眼耳鼻舌身意」對應「色聲香味觸法」六根對六塵的感受，從而領略到世間巧妙無邊的美好時光甚至是傷痛的回憶，這些無非是經由心的意識映照出外在環境的折射；而美好的事物更是人人嚮往的世界，咖啡的味道就恰恰對應了人們所追尋溫暖和喜悅的心靈窗口！

與朱老師的對話，每次就像是與世外高人，如禪悅一般且詩意的旅途，雖喜出望外，卻也沉澱良久！

朱老師對待咖啡用科學的方法解釋，卻用詩人一般的文學藝術來表達，似乎想詮釋的內容已經超脫世俗眼光，來到了用文字表達都嫌贅述的境界！

他用最平實與自然的手藝，烘出了脫俗的評價與貴族氣質的馨香！說咖啡是他第二生命也不為過，因為朱老師早已超過這個境界，拉著我們向上提升，讓我們領略咖啡的生活要往更深更高的靈魂層次發展！

光喝杯咖啡就有這麼大的學問與樂趣嗎？我問。他說，當然。

人們未來不止是喝講究的味道，而是在更深層次的咖啡領域裡找到地球這個母親為我們帶來更極致美好的溫馨！

咖啡的香氣是一首看不見的詩。熱水接觸咖啡粉的那一刻，空氣中便凝結出一股令人心神安定的氣氛。它不僅是對嗅覺的考驗，更是一種對情感的喚醒，彷彿帶著時間的重量，輕輕敲開記憶的大門。

每一杯咖啡，都有其獨特的香氣基因。輕啜一口烘焙過的咖啡，濃郁的巧克力和堅果香猶如一場與森林溫暖的擁抱。中焙的豆子裡有柑橘般的清新和花朵的芬芳，宛如春日的微風輕輕拂過鼻尖；淺焙的豆子則帶著青蘋果和紅莓的明快酸香。如果每一粒咖啡豆能夠化成像音符一樣律動，那麼它的每一首音樂，必定都像貝多芬與莫札特的音樂那般氣勢磅礴，悸動人心，而且充滿活力！

咖啡香的迷人之處，還在於它的多變性。隨著咖啡豆的品種、烘焙程度、沖煮方式的不同，香氣如畫布上的色彩，層層疊疊，構成無限的可能性。

你會在衣索比亞的耶加雪菲聞到濃郁的茉莉花香，像是晨曦中的一簇清白；哥倫比亞的高地豆則隱藏著蜂蜜和熱帶水果的甜潤，讓人心生溫潤，乍暖如春。朱老師以犀利的手法，優雅的步調，釋放出咖啡最細膩的香氣，如水墨畫般清淡卻深邃。

咖啡香氣的美好不僅僅來自它的嗅覺刺激，還來自那一刻的專注與放鬆。當我們端起一杯咖啡，深吸一口香氣，彷彿這個世界的時間暫時靜止，得以沉浸於片刻的平靜中。這股香氣連接著過去與未來，喚醒深藏的記憶，並帶來對未知的期待。

朱老師說，品味咖啡就是品味人生。在這小小的一杯中，隱藏著生活的哲學：苦中有甘甜，酸中帶複雜，每一口都讓人更貼近自己。

咖啡的香氣，或許是這哲學的精髓，讓我們學會欣賞生活細微的美好，也能在日常中找到詩情畫意的瞬間。

在當今快節奏的世界裡，咖啡不僅是一種飲品，更像是一種生活儀式。它蘊藏著不為人知的祕密，連接了六根六識與心靈的深處。每一顆咖啡豆都承載著陽光、雨露與泥土的氣息，經歷了漫長的旅程，最終蛻變成杯中那一抹深邃的琥珀色液體。

咖啡是孤獨者的陪伴，也是歡聚時的橋樑；它在城市的喧囂中給了我們安寧，在鄉間的靜謐裡喚醒沉睡的靈感。有人喜歡它的淡酸，因為那是生命的真實；有人鍾愛它的香甜，因為那是幸福的片刻。咖啡的魅力，正是在苦與甜之間的平衡，如同人生本身，充滿矛盾卻又無比豐富。

《精品咖啡修行者》不僅是一部關於咖啡的教科書級指南，更是一趟與咖啡共舞的旅程。透過朱老師的筆觸，你將穿越每一個產地種植園的綠蔭，探訪烘焙坊的炙熱，傾聽每一杯咖啡誕生背後的故事。無論你是咖啡的初學者，還是已然沉醉於咖啡世界的老饕，都能在字裡行間尋找到當頭棒喝和如雷貫耳的共鳴。

願《精品咖啡修行者》能成為你手中的一杯溫熱咖啡，伴隨著每一頁文字，每一則插畫，讓時光緩慢下來，用感官品味其中的深意。讓我們一同舉杯，向咖啡，向日月星辰，向陽光雨水，向生活的美好，致以最真誠的敬意。

咖啡是晨曦中的黑金，
是時光與溫暖的橋樑，

是夜晚的伴侶，
是一首濃縮的詩，
輕輕地倒入杯中，
淡雅細膩的清香，
便填滿了無聲的篇章。

——致朱明德老師及每一位愛咖啡、懂生活的讀者

「兩位精品咖啡文化的修行者」

文／張嘉哲（南投市市長）

朱明德老師與周正中老師致力於精品咖啡的精研修養、實踐與推動三十餘年，是社團法人中華精品咖啡交流協會的創始會長與現任會長，朱老師並於馥蘭朵系列品牌飲食文化擔任顧問，也以精品咖啡顧問的身分參與了R 600烘豆機的設計。

在這一切講求快速的商業社會中、講求量產與利潤的咖啡商業模式下，雖然看似曲高和寡，他們始終無怨無悔地推動著精品咖啡文化，誠如書名，是精品咖啡文化的修行者，著實令人由衷敬佩。

朱老師畢生職志除了身體力行推動精品咖啡，並著書立說，從《精品咖啡不外帶》、《精品咖啡不浪漫》、《精品咖啡侍豆師》到今日《精品咖啡修行者》，孜孜不倦地教導大家認識精品咖啡的概念。

他在書中說到，「好咖啡、精品咖啡是帶給人們之間最舒服的距離，是最天然養身、養性飲品。透過漸進的試探、學習、碰觸，愛上精品咖啡也是因為咖啡生成的故事而感動自己。」

兩位老師一生事奉咖啡，並體現在侍豆師「侍」字上，因為「在咖啡世界裡，對咖啡的謙卑期待，就是希望能奉上一杯好咖啡。」

鼓勵咖啡從業人員重視養成培育，對於咖啡製作的基本脈絡與認知概念反覆執行、驗證、熟捻器具操作，增強辨識烘焙風味的能力；也教導消費者選擇精品咖啡、挑選適合自己的咖啡師，因為每一杯都是咖啡師無可取代的藝術作品；享受天然養身及養性的精品咖啡，愛上精品咖啡，上述這些，統統都是《精品咖啡修行者》傳達的寶貴訊息，值得你我珍藏。

「精品咖啡讓我真切體會到無邊的寧靜與滿足」

文／維多夫人（維多利亞夫人骨瓷之家創辦人）

這是朱老師的第四本書。

三十三重天的傳說或許虛幻，精品咖啡卻真切地讓我體會到那種無邊的寧靜與滿足。原來輪迴中的等待，只為了這樣一個平凡卻珍貴的瞬間。如果三生三世的輪迴，只為了一個念，我願傾盡一生的願力，只為捧著那只摯愛的骨董杯，杯中盛滿咖啡師傾心調製的香醇咖啡。在這一刻，彷彿身處三十三重天，遠離凡塵喧囂，於微苦與醇香間尋得心靈的寧靜與圓滿。

在朱老師的書中，每一段的文字中，彷彿當咖啡的香氣氤氳而起，雲霧輕繞，將我帶回那些埋藏已久的記憶深處。未竟的夢、未完的情、未償的願，似乎隨著咖啡的苦甘在心頭流轉。每一口濃郁，像是一段輪迴的縮影；每一次溫熱，宛若一縷從天庭灑下的光，點燃塵封的希望。

這只骨董杯，經歷了幾代人的掌心溫度，杯身上的細紋如同歲月的刻痕，每一道都藏著故事。它的存在，讓這杯咖啡多了一層重量——不僅是飲品，更是一場與過去的連結。當我輕輕端起它，杯子微微的沉甸，像是一種溫柔的提醒：在忙碌生活中，也要為自己留些緩慢的空間。

它並不完美，甚至因歲月留下瑕疵，但正是這些不完美，讓它顯得更加真實。用它喝咖啡的每一刻，都是一次與自己的對話，一次從繁瑣日常中抽離的寧靜時光。那一刻，我感受到生命的苦與樂，起落與得失，都在這平凡卻珍貴的瞬間找到了意義。

或許三生三世的輪迴只是虛幻，但這杯咖啡搭配著這只骨董杯，卻真切地裝下了我的熱愛與珍惜。生活的美好，常隱藏在這樣的微小瞬間裡，無需追求完美，只需靜心去品味。

「咖啡與我們的生活，分不開」

文／周綉美（台北大學餐飲管理系教授）

咖啡和浪漫分不開！失戀要喝杯苦的咖啡，箇中的苦只有自己知道；熱戀也要來杯咖啡，再苦的咖啡都是甜蜜的。

咖啡與人們的生活，分不開。

朱老師及周老師的著作從《精品咖啡不外帶》到《精品咖啡修行者》，可謂咖啡大師的畢生經驗與技術傳承。每一本都給予許多啟發，讓喜愛咖啡的追隨者有了重新認知與刷新自身對於咖啡的了解及熱愛。

各行各業為使產品一致化、標準化而建立了標準作業流程，尤其是餐飲服務業，無非就是要讓顧客每一次光臨都能得到一份標準且不逾越的產品。然而，現在的餐飲業也講究精緻的客製化服務，好還要更好。

咖啡產品亦然。早期喝咖啡，味道不要差太多就好，沖煮方式一致；使用設定好的機器，一個按鍵就能得到一杯你想喝的咖啡。然而，現今的精品咖啡不僅僅是有咖啡味的咖啡，更講究沖煮方式、風味與口感等，不僅能提神，也是可以令人驚豔、令人回味無窮，擁有無限想像之物！

其實，精品咖啡就是一種飲品，能否讓飲用者從中獲得滿足，完全操控在沖煮咖啡師手中，而咖啡師的專業、素養，則取決於個人的技術、知識與經驗累積，也包含了對於咖啡的熱愛。

開咖啡廳和喝咖啡完全是兩碼子事，開咖啡廳就像是修行者，必須不斷精進自己。喝咖啡則像追隨者，不斷追隨著修行者，不斷學習更多不同的咖啡知識！

「豆子要好，也要對的人用心慢煮」

文／許華山（許華山建築師事務所主持建築師）

豆子要好，也要對的人用心慢煮，這是我對朱老師的註解。

我喜歡喝茶，也愛喝精品咖啡。我喝咖啡時，總喜歡好奇地看著咖啡職人沖煮咖啡的演譯過程，尤其是各種細節，對我而言，那勾動了五感的各部神經，更成就了心覺，可說是五感六覺的享受，更是一種可淡也可濃的味道。

《精品咖啡修行者》書中提到，職人的榮譽感來自堅持，正是我在朱老師身上看到的。這些年咖啡文化在台灣確實擁有多樣性的選擇，但職人的精神不再只是傳統的堅持，更是創新性。我也堅信，愛上一杯好的精品咖啡，將慢慢地拉近彼此之間的距離。

「一杯咖啡，一場人生的修煉」

文／何志偉（總統府副祕書長、中華精品咖啡交流協會榮譽理事長）

人生就像一杯精心手沖的咖啡，從一顆不起眼的生豆開始，就注定了它的不凡之旅。無論是陽光曝晒的熱情，還是水洗的細膩，沒有烘焙的歷練，就無法釋放那令人著迷的香氣。就像人生，沒有經歷風雨，怎能成就動人的故事？

每一滴咖啡，都是時間與匠心的精粹，從挑豆、烘焙到沖煮，每個環節都充滿哲理。啜一口精品咖啡，感受的不僅是味蕾的驚喜，更是人生百味的縮影。它可能是清晨的第一縷陽光，帶來希望與活力；可能是午後的一場酣夢，享受片刻的寧靜與放鬆；亦或是夜晚的星空，引發無盡的遐想與沉思。

朱明德老師：以咖啡為道的修行者

一位對咖啡懷抱無限熱情的修行者。他從十七歲便踏入這片芳香四溢的世界，憑藉著對風味的敏銳、對技藝的鑽研，成為台灣精品咖啡發展的重要推手。他用一杯杯風味獨特的咖啡，詮釋著文化與記憶，讓每位品嚐者都能在杯中找到故事。

從滴落聲到醇厚香氣，感受咖啡的魔力

這本《精品咖啡修行者》，是他數十年咖啡旅程的心血結晶。翻開書頁，我彷彿聽見咖啡滴落的聲音，看見蒸氣輕柔上升，嗅到那撲鼻而來的醇香。書中不僅有對精品咖啡的深刻剖析，還有許多耐人尋味的故事。一杯好咖啡，不僅溫暖味蕾，更能觸動人心。

咖啡的世界，永無止境的探索

精品咖啡的世界博大精深，連身為中華精品咖啡交流協會榮譽理事長的我，讀完此書後仍受益良多。朱老師與周老師不僅分享了精品咖啡的技法，更從歷史、文化、哲學的角度切入，探討了咖啡與人的關係。尤其是「用十種手法煮一種咖啡，而非用一種手法煮十種咖啡」的理念更提醒我們，真正的咖啡修行不在於盲目追求潮流，而是理解每一顆咖啡豆的個性，尊重其風味，並透過適當的方式加以呈現。

喝咖啡，還是讓咖啡啟發你？

閱讀《精品咖啡修行者》，就像是一場與咖啡的對話。它讓我們重新思考，什麼是真正的精品咖啡？如何透過一杯咖啡，與自己對話，與世界連結？這不僅是一門技藝的修行，更是一場關於生活的體悟。

一杯好咖啡，一本好書，一場難忘的旅程

我誠摯推薦這本書給所有熱愛咖啡的人。無論你是專業的咖啡師，還是單純享受咖啡的消費者，都能在書中找到啟發，找到那份屬於自己與咖啡的連結。願我們在這條精品咖啡的修行路上，一同前行，品味人生。

「精品咖啡是創作，也是回憶」

文／鍾佩玲（台北市議員）

咖啡之於我，可以是提振精神、開啟一天工作的啟動鍵，也可以是忙裡偷閒，偶爾放空的暫停鍵。對你而言，咖啡扮演什麼樣的角色、或隱含了什麼樣的故事呢？

閒暇時，我總會到朱明德老師店裡坐坐，這也是我二度獲邀寫序，和之前的書比較起來，這本《精品咖啡修行者》除了同樣傳達專業技巧的重要性，更多了點人情味！

書本一開頭，從老先生點了一杯給亡妻的咖啡開始，將讀者帶入到精品咖啡的精神層次裡頭，可以說每一杯咖啡，都有著專屬於自己的特別故事。

我相當認同朱明德老師書中所說的，「一杯咖啡的價值，不在於只有咖啡，還必須要有人的介入」，否則咖啡就只是咖啡，不再有冷暖自知的溫度！

從這個方向延伸，更進一步說，精品咖啡尤其如此，當我們過分執著於硬體設備，烘豆或沖煮手法，忽略了外在環境條件或咖啡師個人豐富的經驗，都會影響精品咖啡的風味。

《精品咖啡修行者》嚴格說來不是工具書，反而像是朱明德老師一路走來想告訴大家的心裡話；對沖煮咖啡的人來說，每一杯精品咖啡是他們的創作，對享用咖啡的人來說，每一杯精品咖啡則是隱含著大家酸甜苦辣的回憶～不論是創作者還是享用者，都是一本值得你細細品味的書！

「讓工具成為沖煮者的延伸」

文／杜勇志（Driver 咖啡器具設計研發總監）

精品咖啡，是一場與時間、溫度、技藝交織的對話。

從《精品咖啡不外帶》到這本《精品咖啡修行者》，朱老師與周老師的著作不只是紙上的文字，更體現在行動與對話之中，讓我們能夠透過他們的視角，深入探索咖啡文化的精神層次。

閱讀老師們的作品總會讓人重新思考：我們與咖啡的關係是什麼？是單純的日常飲品，還是一場用心感受的體驗？製作一杯好咖啡的關鍵，從來不只是參數與設備，而是沖煮者在每一次沖煮中，如何與咖啡建立真正的連結，如何在變化與細節之間找到最合適的表達方式。

當今沖煮參數與咖啡豆種類繁多，為咖啡器具的設計帶來許多新挑戰。不同的風味、不同的沖煮法、不同的器具選擇，讓人容易陷入對「標準」的追求，忽略了精品咖啡最核心的價值——個人的感知與詮釋。

朱老師在書中提到的「工具理性」，我深有共鳴。技術的進步確實能夠提升穩定性，但決定一杯咖啡價值的，仍然是沖煮者的理解與選擇，而非設備的參數設定。

「工具應該服務於沖煮者，而不是讓沖煮者受制於工具。」這句話點出了精品咖啡的本質——它不該被公式化，而是一場沖煮者與咖啡的探索與體驗。同樣地，身為器具設計者，我們的目標不只是追求精準與高效，而是讓沖煮者在過程中找到自己的節奏，透過直覺掌控變數，發現風味的細微變化。器具不該限制沖煮的自由，而應該成為一種引導，幫助使用者更深入地理解咖啡，累積品味與經驗。

《精品咖啡修行者》不只是一本講述咖啡技術的書，更是一場關於咖啡哲學的對話。它適合每一位對咖啡懷抱熱情的人，無論你是剛接觸精品咖啡的愛好者；還是希望在沖煮技巧之外，找到更深層次的體驗與思考；甚至是每天與咖啡為伴的從業者，也能從書中找回對咖啡的初衷與熱忱。

期待這本書能夠啟發咖啡愛好者們，在每一次沖煮與品味之間，找到屬於自己的咖啡故事，讓每一場與咖啡的相遇，都成為一段難忘的旅程。

「狂心頓歇　歇即菩提」

文／林凱羚（知名聲優與配音講師）

二十一世紀至今科技發展日新，時代變革月異，都市叢林光怪陸離，生活腳步之急促，已讓人不知如何喊暫停，坐下來安靜啜飲咖啡已然奢侈，投入五感六觸去觀、聆、嗅、啜、受、品咖啡，亦可謂是身心靈療癒之旅。

每杯咖啡的製程都是一種專注的練習，義式機朦朧蒸氣中見巧心，手沖水柱的流裏走氣韻，虹吸式手法勁中帶柔有太極。精準的烘焙工序，則堪稱是理性與感性的堆疊，靈巧擷取每種咖啡豆特性，釋放出恰如其分的風味，是門功夫也是內在修煉。於是從咖啡豆的種植、採收、販售、烘烤、萃取、品飲，每一環節都是道途。

當我們的狂心願意暫歇，修行不一定非要遠離塵囂，你會發現生活中俯拾皆有體悟。給自己一杯咖啡的時間，姑且凝望！呵～因為太燙不宜迅速就口，慢下來呼吸！閉上眼小啜一口，去神遊、去錨定、去勾勒、去領略自己獨有的啡嚐道。

目錄

下篇 周正中

前言

兩杯咖啡

文／朱明德

電影都拍不出來的劇情，卻是一則真實發生的寓言，觸動了思考。

兩杯咖啡一段思念，這是我見證的一個關於愛情的咖啡故事。這個故事將成為永恆的經典，讓人銘記在心。

二〇二三年十月，很平凡的日子，一位老先生進門，點了兩杯咖啡。

整個過程，只有他一個人，另一杯沒有人喝。約的人沒來嗎？

老先生付完帳，我忍不住好奇詢問。（我的咖啡單價有點高）

老先生眼中透露出一絲溫柔和懷念，對我說，今天是他太太生日，雖然她離開很多年了。

所有人都沉默了，只有淚眶的淚在動。

儘管獨自一人，卻用兩杯咖啡表達對愛人的思念，故人即便離去，那份深深的愛與思念依然生生不息。

喝咖啡時細細品味，而未嚐的另一杯，應該是永遠的生日快樂。

老先生離開後，咖啡館內瀰漫著愛的味道，反而不傷感了，全成了時光難以抹去的印記。我默默給予祝福，也希望那杯被遺留的咖啡能成為慰藉，帶來心靈的寄託。

在咖啡館裡，我見證了美好，兩杯咖啡，就是一幅深沉美麗的畫面。

台灣在咖啡的文化上擁有多樣性的選擇，但很多都算不上傳統的咖啡文化，而是不斷的創新，甚至顛覆了固有傳統。當然，**這不是說咖啡傳統百年不變，而是一種說不上嘴的寶藏**。

我說的咖啡文化是一種精神層次的生活，影響生活世代和世代之中的相互牽絆和傳承。咖啡又是人文藝術生活，台灣在咖啡上的貢獻，肯定是最精緻、最美味的表現，這就是咖啡對人文的價值，決定了過去傳統的咖啡文化留給我們最深層的感動，而且是從內心日常生活中流露出來的，最自然也最純真的精品咖啡。

一杯好的咖啡是人與人之間最舒服的距離，最天然的養身、養性飲品。一步一步的試探、學習、觸碰，你會愛上精品咖啡，因為咖啡生成的故事而感動自己。

前言

咖啡是一種獨特的語言，讓我能夠與世界對話

文／周正中

我是一位在咖啡界深耕多年的咖啡師、咖啡詩人、咖啡老師、咖啡騎士，我走過的旅程如同一杯精心沖泡的咖啡，濃郁而富有層次，充滿了對咖啡文化的熱愛。

三十多歲時，我偶然接觸到咖啡，這份愛好成了我心靈的慰藉。每次走進咖啡館，沉浸在濃郁的香氣中，我都感受到無比的溫暖。這份熱愛促使我深入探索咖啡的世界，學習烘焙和沖煮的技巧，並在過程中體會到咖啡不僅是飲品，更是一種獨特的語言，讓我能夠與世界對話。

隨著經驗的累積，我決定將這份熱情轉化為職業，成為專業咖啡師。除了致力推動精品咖啡文化，也前往國外參加咖啡分享會，向世界頂尖的咖啡專家學習。在這段時間裡，我不斷致力於精進技術，並在多項國際比賽中獲得獎項。

我的職業生涯從草創時期的吧檯手開始，經歷了選手、專業評審及專業教練等多重身分，目前擔任CSCA中華精品咖啡交流協會會長，積極推廣精品咖啡文化，並致力於提升台灣咖啡的國際地位，曾在多項國際咖啡賽事中獲得佳績。二〇一九年，我在義大利米蘭世界盃大賽中榮獲世界最高金牌認證，成為第一位將該榮譽帶回台灣的咖啡專家。

我的教學理念是「分享與傳承」。我深知咖啡

文化的重要性，因此積極舉辦各種咖啡分享會及講座，向更多人傳授咖啡的知識與技巧。課程中，學員們不僅能學會專業沖煮技巧，更希望傳遞一種無形的力量：無論面對什麼困難，請相信自己有能力創造美好的未來，找到屬於自己的方向。

我始終相信，自己的成就不僅屬於自己，更是為了激勵和幫助更多面對相似挑戰的人。於是，我開始舉辦分享講座，讓他們也能體驗咖啡的魅力，找到自己的熱情與潛能。

我希望透過自己的故事，鼓勵每一位面對困難的人，讓他們知道，只要心中有夢，就能創造屬於自己的精彩人生。

我在這本書中深入探討了咖啡的世界，分享從一名咖啡愛好者成長為專業咖啡師的心路歷程。我的故事不僅關於咖啡的技術與知識，更是關於如何在逆境中找到希望與力量，並將這份熱情轉化為對他人的幫助與啟發。

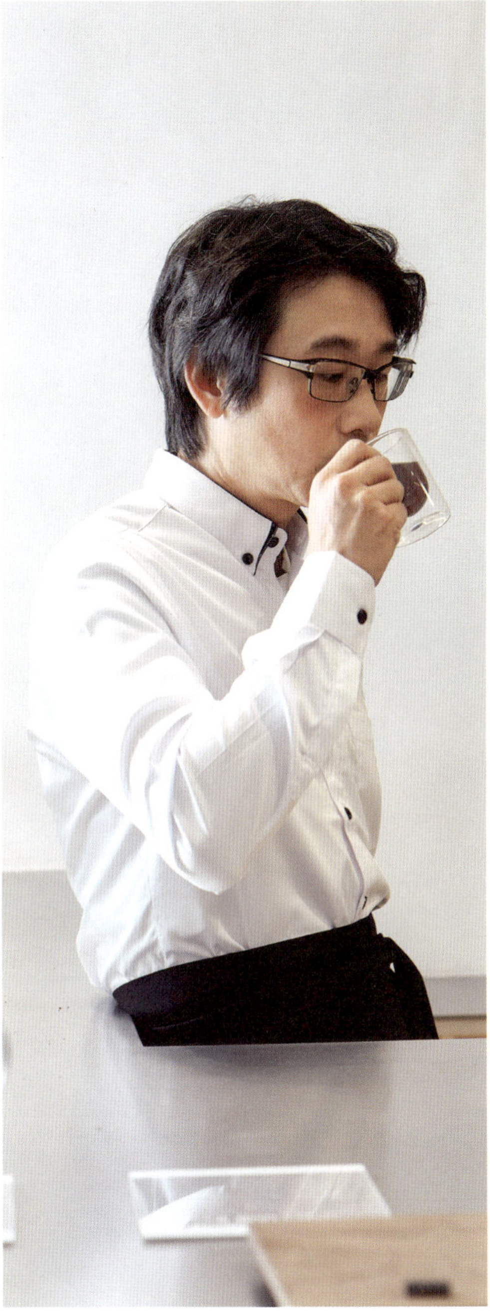

A
25~30%
市場佔有
1.7%~3%
caffeine
Robusta
60~70%
B
caffeine
0.8%~1.5%
Arabica
caffeine
0.6%~1.23%
2~5%
Liberica
800-2200m
B
A
0~900m
0~500m
C

上篇

朱明德

用十種手法煮一種咖啡

要沖煮出好的咖啡飲品，靠的不只是感官或直覺的表現，也不是依賴複製其他咖啡師的曲線或沖煮技巧，而是能否依據現有的咖啡條件與器具選擇研磨方式與沖煮計畫，手作一杯美味的咖啡。

換言之，咖啡師對於咖啡製作的基本脈絡與認知概念相當重要，真正的了解並加以拆解、剖析咖啡園的基本調性，然後靈活運用。

我以前就說過，用十種手法煮一種咖啡，而非用一種方式煮十種咖啡。提升自我技巧指的絕對是概念的提升。

現代的咖啡師太崇尚新現代的主義VS傳統素材，有太多自己的想法，想開發屬於自己的咖啡風味，比如混合、添加、創新沖煮器具。**因為想改變而改變，就飲食文化來說是不是好事**，見仁見智。

以前的藝術家用顏料表現自己的畫風、創意、思維、目的，反觀使用很多複合式材料創作的現代藝術家，通常只表現現代藝術的新概念，能否傳世，並不重要。一時一世永傳的概念，只限縮在某一個點。這也就是流行與時尚的差別吧。

這幾十年很多人設計出各種咖啡器具，希望能讓從事這一行的經營者方便快速，泛用性高，降低操作成本。做為咖啡從業者，應該具備實際基礎概念，能夠反覆執行、驗證、操作各種器具，以及辨識烘焙風味，這些能力應該成為自身的條件反射，而不是埋頭製作泛用性的飲品。雖然泛用性也是社會心理體現，或說社會階層的表現——這件事說出來即便難聽，卻是不變的事實。

《資本論》曾提到，商品的價值取決於社會經濟現況，簡單的理解就是，商品等於金錢，一杯咖啡值多少錢，要看一位咖啡師或店主投入了多少提升價值的東西，**所以人等於商品、商品等於錢**。目前常見的咖啡館主要都是投入硬體，而不是咖啡師本身的涵養與技術的提升。

然而，一杯咖啡的價值不在於只有咖啡，商品不見得是錢，還必須有人的介入，才能有價值。過去喝咖啡，除了咖啡，還得有氛圍、音樂……現在的人大部分追求快速方便，咖啡不要太差就可以，體現了方才提及的社會現實——喝咖啡，也有階級（生活方式的階級）。

至於咖啡店的營收，一九八〇年的每日一萬元與二〇二四年的每日一萬元，完全是不同的等級。過去咖啡師的薪資兩萬五到三萬五，與現今的兩、三萬完全不同，店家不願意投資更多的錢在軟體與咖啡師上。

當然，這是消費結構的變化，而精品咖啡無非是期待一小部分的消費者，所以做為一位精品咖啡師，得知道的更多。

咖啡師身上的ＤＮＡ，先從咖啡那一份幸福、一份樂趣，就像一個古老的故事，開始感覺觸摸到了咖啡的靈魂，ＤＮＡ感受得到那一種期待。

研磨就如同交響樂聲轉動的瞬間，充滿了期待，撐開散發的香，一切都留下了，彷彿進入另一個屬於它的世界，我感受到寧靜。

最好的咖啡是一個過程，取決於均質、合適，由炭香到醇厚，這是咖啡傳頌的一種語言。

均質涉及到咖啡研磨及萃取過程的執行概念，是指咖啡的原有物，均勻的萃取、釋放，這個過程是多樣性的組合，烘焙的均質、沖煮的均質、拿捏研磨的均質，都是為了確保咖啡的風味與品質。

我寫了很多咖啡的事，從沒寫過任何花式加味的咖啡，這與我的生活和過去的工作有關，總是最純正的飲用，酒、茶、咖啡，都是如此。

我希望年輕人開咖啡廳時，別再以星巴克等等的企業做為摸索目標，這是很真心的提醒。

概念才是精品咖啡的泉源

你要爭取自由，一定先要有失去自由的準備，對咖啡上的糾纏就是評判，評判的是你用一個新的咖啡思維去面對另一個咖啡的念頭，這時，我們自身對咖啡的科學、人文、藝術等，有沒有做到真正的立基，也可以先用最單純的咖啡學習經驗，看見、說出結論之後，感受是否帶著友善的態度在分享經驗。

在商業當道的年代，做好精品咖啡的新運動，用開放的心情，讓大家能夠了解箇中差異，每個人都可以在飲食文化上做出一點點貢獻。不只咖啡，整體的飲食文化都全面進入了商業化時代。坦白說，目前的咖啡風潮並非憑空出世，而改變同樣是在這一刻、這一秒，不要讓市場慢慢忽略了傳統價值，反而得靠精品咖啡愛好者救贖咖啡世界。

反觀飲食文化，仍有很多人保有傳統價值，如壽司，人與迴轉機器的差異、手作的概念，包含維護、職人榮譽感，仍然堅持著。

一個成功的咖啡大師，想的不能只有商業、功成名就，要有更多元的學習方式，除了遺產、傳統、自然和人這四大要素，還有形狀、色澤等，你可以想像到咖啡的所有；若是加工，同樣是你想得到的任何加工；若是物質的周期效應，同樣是你可以想到、任何關於食材的生命周期……這些之外，就剩下你自己的努力，每天都可以進步一點。咖啡師不可能一下子，就能成全所有，在很多的領域上整合與匯集，成果自然看得到、用得到，能前進就應立即前進。

咖啡是個全面技術的產業，不能只有半套作咖啡館，行不通的。這也是技能、技術的全面思維要改變的，不能只會一種。

很多人問我，老師您不是只會一種嗎？其實不是，那是你認識我不夠久。我只不過是找到了合適自己的那一種，而且學論化，那是時間養成的，很長的時間。

工具理性是我過去一直以來的信念。咖啡的工具理性有好幾種名稱：效率理性、功用理性、技術理性、科學理性，指的全都是透過實踐的途徑，確認工具或手段的實用性，在咖啡這一塊，達到技能、技術的最大功效，以實現咖啡師為了某種功或利達到的目的及服務。

早些年，我個人完全以工具上的理性，透過精準甚至精確的計算，達到沖煮咖啡的目的。當時我一直崇拜著數據、器材與技術主義，這是我學習咖啡的階段過程，隨著時間變遷，我轉而相信自身理性為目標與價值，這也是工具理性，在藝術的行業不太能全通，（部分）最後的核心，不再是崇拜工具，也就不會有工具理性與價值理性上的轉變。

概念才是精品咖啡的一切泉源。前些年精品咖啡只限於一面旗子，有方向卻沒有實際途徑，沒有太多的咖啡師真的深思品味概念與藝術性的提升。

一本跳脫現有思維的咖啡書

如何建構一本有知識、有文化、有科學又實際的咖啡操作書，其實可以大膽地跳出框架，不再重點描述參與不到的過程，而是多加一點精品文化的發展、咖啡市場的轉變。

當作者把知識、概念或感受，用文字寫成文章，出版商把文章變成書，書店把書做成商品，順道把書店也當成了商品——這個概念是我以前在書上看到的，那我們是否也要更重視精品咖啡的普及化？普及化的優點與缺點對精品咖啡的營收會不會有影響？是不是也該從咖啡開始做出區隔？

很多咖啡店從業人員常做出沒有理論根據的論述，和客人也只能聊聊天，根據性不夠。

過去大部分咖啡書的內容都在討論咖啡的起源和歷史、品種、種植、發酵、操作SOP，或是作者自有的方法、器具、風格、評論、健康等等，應該要跳脫目前的思維。

台灣製茶大師陳阿蹺先生的製茶概念是天在作茶，不是人在作茶，茶晴日曬足，浪菁柔和，順應氣候作茶，這些是除了天之外，人應該作的事。陳阿蹺先生的自信來自老天的照顧。

相對來說，在這個層面，做咖啡的大部分無法面面俱到、無法全面到位。或許，我們頂多知道而已，無法深入種植、發酵，咖啡師除了選豆，修練最多的是沖煮技術，所以不足感不斷地出現。

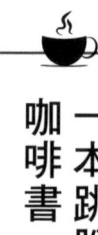

理性

理性是對工具、器具的使用熟悉度，也就是前文提到的，工具理性的實踐，進而發展自身理性。在咖啡的領域，尤其對沖煮器具的使用及自身的學習認知，改變或不改變，飲用的理性則應該考慮咖啡的飲用量、咖啡的品質、飲用的時間、對健康的影響等等。也就是享受咖啡的過程，確保咖啡的品質。

但話說回來，想喝就喝，管它什麼時候。咖啡對我來說就是生活的燃料，理性有時可以放一邊。

實務

指咖啡有關的實際操作，比對數量夠不夠多，實作以外，在學問上無法參與的咖啡過程能夠了解或解釋多少。大部分咖啡師無法參與種植、採收、發酵這些處理階段，應當靠閱讀增加咖啡的實務及知識。

科學

咖啡生產的過程中，除了過往的自然生長，今日從種植到發酵、烘焙，都充滿了科學。

不只科學研究著咖啡的化學成分如何影響風味，咖啡的生長過程也用科學方式管理，增加產量，努力用科學方式管理土壤學、氣象學、植物學，以提高咖啡原生品質。

烘焙同樣進步為多種科學數據的介入。**正因為科學，我們有了風味輪來解析咖啡**，分級認證。

沖煮時，因為科學，我們了解到濃度、萃出率、溶解性，以及熱量傳遞、擠壓，得以探索不同的沖煮方式，制定最佳的沖煮概論、調合濃度。

我認為咖啡師的硬底子來自於：

1. 專業的咖啡科學
2. 對精品咖啡的認知
3. 對咖啡品質、品種的要求及知識
4. 了解各式的發酵方式、優缺點

5. 各式沖煮咖啡的方式，技術、技巧的運用
6. 對質量（水）的知識
7. 面對消費者的語言談吐
8. 有無能力處理咖啡資訊
9. 有舉辦分享會的能力
10. 閱讀多元書籍及學習多元性的技能，如色彩、陳列、藝術等、咖啡文化、新出現的資訊。

給自己四十個小時

我建議大家給自己四十個小時，熟悉咖啡技術的操作技巧。四十個小時後，剩下的就是閱讀精研，給自己六個月做到專注，不受打擾，並且每周都堅持投入四十個小時的學習，就能掌握咖啡這一門學問。

從技巧、概念、分享、記錄、快速的進步，這是我自己學習咖啡最有效的方式，應和了西蒙（赫伯特西蒙，Herbert Simon）學習定律。有效率的

學習與記錄自學的過程，不要被動接受資訊，提倡自我生成，搞點互動，把學咖啡弄得有趣一點。

傳統咖啡豆VS科技咖啡豆

科技咖啡豆

當單純的農作物咖啡被加入了科技狠活，不僅涉及食品安全問題，咖啡風味也顯得不自然，不是咖啡該有的風味。

過去有很多平價產區為了提升原本平實無趣的咖啡生豆、為了更好的價格、為了強化風格，當地的環境原本無法培育出風韻好的咖啡豆，便在發酵或烘焙時添加化學香精。

從廠家的報價單上便可察覺，過往便宜的咖啡生豆價格一下子突然上漲很多，詳細一看，處理方式已不相同。既然原始的品質不變，可變的就是發酵添加，在某些情況下添加化學物質。

這一系列出於利益考量，由於原生地的品質無法改變，但為了加強銷售、提升風味，所以加入不該加的物質以節省成本，改變了原有風味的製作過程，會不會引起一些擔憂呢？

添加物問題

在發酵過程中添加不知名的添加物以增加咖啡豆的氣息，這不是應該做的事情。市面上有一款檢測機器可以檢測咖啡因等眾多項目，應該檢測的其實是除了咖啡以外的添加物質才對。

如果任意添加化學香精或是其他化學物品，這樣下去，精品咖啡還有生路嗎？

不只咖啡，說一句玩笑話，在外面吃火鍋，除了火是真的，其他沒有幾樣是真正的食材，香精和色素這年頭真的無所不在。

以前喝咖啡比較單純，只有烘焙過重的問題——因為過去烘焙條件與知識技術不足，但最起碼是百分之百的咖啡。自從即溶快速的包裝型咖啡上市後，很多事就無法避免了。若查看士林地方法院對西雅圖咖啡的判決文會發現，這些商品天天都在侵蝕我們的健康。

喜歡咖啡的朋友很多，但並不一定都有選擇咖啡的能力，或是無從選擇，總認為咖啡應該都一樣。有太多的飲品和食材與慢性疾病相關，咖啡的食品及安全問題需要所有的精品咖啡業者一同把關，認真對待所有和咖啡相關的事。

正確的調製，正確的咖啡品質，絕對來自高品質的咖啡豆和專業的烘焙技巧，咖啡風味並不是透過添加化學物質來改變的，咖啡愛好者還是應該選擇信譽良好的店家或廠商，挑選品質穩定的標準品牌，以確保能夠還原咖啡真正原始的風味。

如果想透過混合化學物來改變咖啡的風味，很可能會因為不同添加劑，甚至多重的增色劑、香料、增味劑而帶來消費風險。人工刺激物會對健康構成一定的風險，作法不道德，而且非法。

如何分辨添加物咖啡

除了日曬、水洗、蜜處理這三種發酵方式，還有另行添加發酵法。這種情況可以從風味去認知。

添加香精的咖啡豆是如何形成的，又該如何分辨，什麼風味的咖啡豆屬於添加香精的咖啡豆，都可以從不同的角度分辨：顏色的平均度、特殊鮮明的味覺。

添加化學物的咖啡豆在烘焙後、研磨後、沖煮後，香氣風味的變化非常單一、濃厚，整體過程、從熱到冷，風味不會有太大的變化。

若是自然發酵的咖啡豆，從烘焙到沖煮，變化相當有差異，每一個溫層表現出來的風味截然不同，而這就是所謂的風味結構。

如果是添加香精的咖啡，表現出來的風味非常具象。所謂的具象，以玫瑰花香舉例的話，就是非常明顯，而且歷久不散。

然而，自然或天然的風韻，傳統發酵的風味表現並非如此，應該是「像什麼」或「類似什麼花或果」，得靠自己的味覺和嗅覺去想像咖啡的風味，絕對不是從頭到尾都是一樣味道。

常見酵素如鳳梨酵素，配合各式不同的香精，同樣進行發酵、後製後，無論淺焙、中焙、深焙，其風味變化無論深淺，味譜一致性非常高，這些添加物是否會對人造成影響，是否有有害物質將帶來某些傷害？

添加物咖啡最常看到的基本都是低價的豆子，再做後製，品質高的豆子很少。若上網查找，會發現各式化學香精、食用香精、水性香精、果汁香精。

我之前的三本書都有提到，這裡同樣再三提醒，別再買或是賣這類添加咖啡、後製咖啡，精品咖啡師是可以選擇的。

如何測試殘留香味

聞香杯中無水不留香，如圖。
很多的香氣在用完咖啡杯靜置幾分鐘後，風味無法存留且單一，因此成了我測試人工香精的小辦法。

特殊發酵不是添加香精

特殊發酵同樣屬於自然的過桶發酵的共價條件，有如威士忌有各種釀造方式，並非添加香精。

在目前的市場上，依然有很多豆商進口添加咖啡，或是另行添加食用香精的商家，甚至勾兌的咖啡，而消費者大多在不知情的情況下購買飲用，但若是知情，消費者還會購買嗎？這些咖啡豆從外觀上分辨不出來，但從風味可以略知一二，而且，添加的咖啡算是咖啡嗎？

事實上，咖啡產區只是用一大堆添加香精的混合物而已，我真心覺得這類咖啡並不適合飲用，對身體沒有好處。

過往，咖啡的生長過程與後製過程遵循古法，只是改以現代設備來進行，傳質方面道地，也不失風土地區的風味。**若是走火入魔追求風味，就沒了那份純正的味道。**

以前喝不同產區的咖啡，除了感受純正，不會有太多身體的負擔，都是正派的產品，身體承受上不會有太大的問題。現在的後製咖啡工藝似乎快變了天，報價單上愈來愈多特殊處理的咖啡生豆，快速甚至降低成本，又可獲取更多利益。明明是普通產區，卻比以往價格貴了好幾倍，有些產區捨棄原有傳統，導致咖啡豆失去了引人入勝的風韻。

精品咖啡是安心品飲的好選擇

現代的咖啡製作充滿了化學成分，這種狀況我並不樂見。

真心說，香料咖啡不應該成為主打商品，喝多了這類咖啡，對身體本身有狀況的人來說並不好，應慎選購買，盡量遠離風味異常的咖啡豆，只有這樣才能享受咖啡真正的美味，同時也保持健康平衡的飲食生活。

消費者應該選購有機、無添加、無特殊處理的咖啡豆。豆商更應該標示有無特殊處理或是有無添加，也希望廠商合法、有標準，有檢測和自身監管、透明度和標示。

目前監管機構很難管理咖啡這種品項，咖啡師因此成了消費者的把關者，也是最後一道防線，淘汰差的，讓更多人認識精品咖啡，做這一行才有立基之處。

我推動精品咖啡，鼓勵原味，提升沖煮技巧和選擇咖啡豆的能力，這樣才能安心品味咖啡。

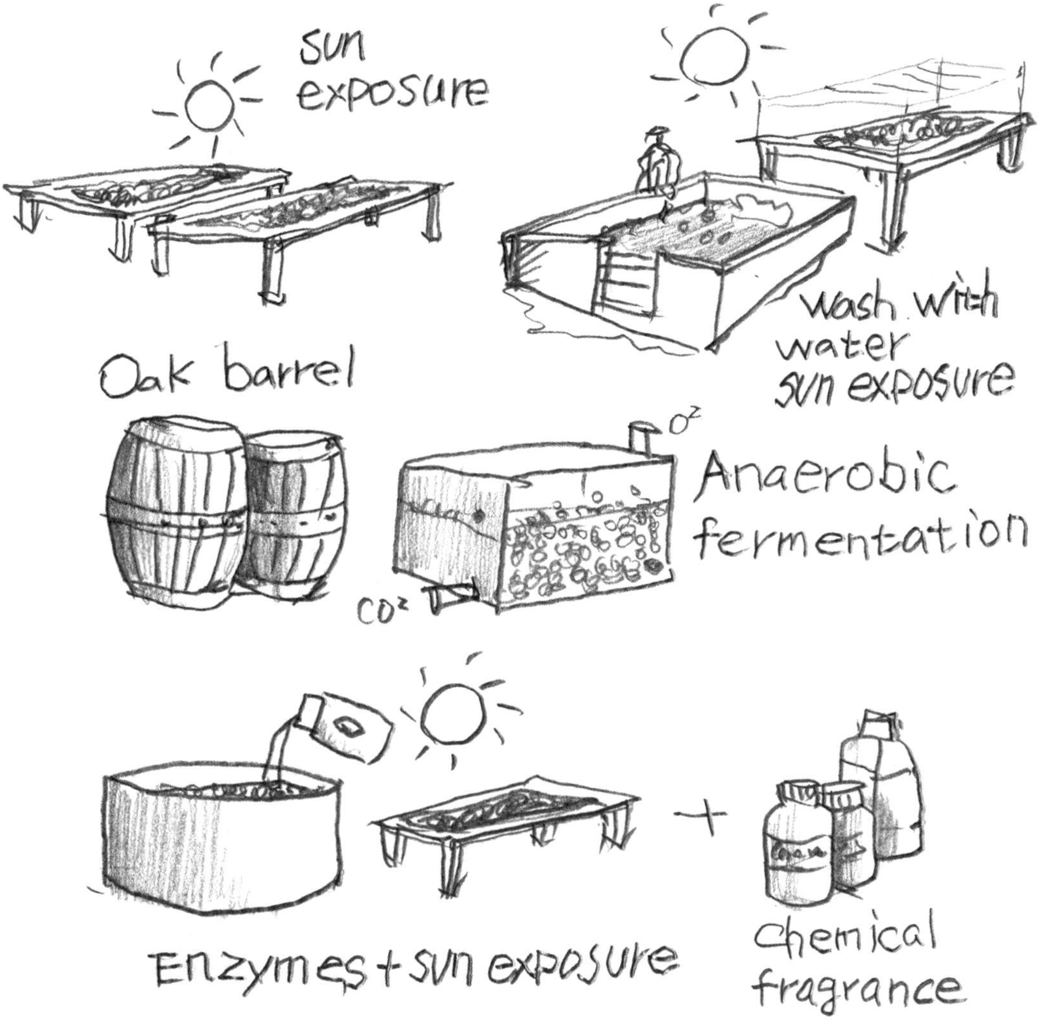
sun exposure
wash with water
sun exposure
Oak barrel
O^2
Anaerobic fermentation
CO^2
Enzymes + sun exposure
+
chemical fragrance

你看得懂風味輪嗎？

以舊版風味輪來說，分為兩環。

一個是不同的豆子在烘焙上有不同的風味，從淺烘焙到重烘焙都有很詳細的烘焙後的說明，只要經過說明，很容易懂。從顏色上分辨烘焙區塊可能會發生的味覺及嗅覺延伸的風味敘述。

另一個環更重要，發生異味時一定要比對，比如外部變化、內部變化、香味汙染、味道缺陷，能讓人了解諸如咖啡存放不當、咖啡生豆汙染後的風味異常認定等等。想知道好的風味，一定要先了解差的風味是在何種情況下產生的。

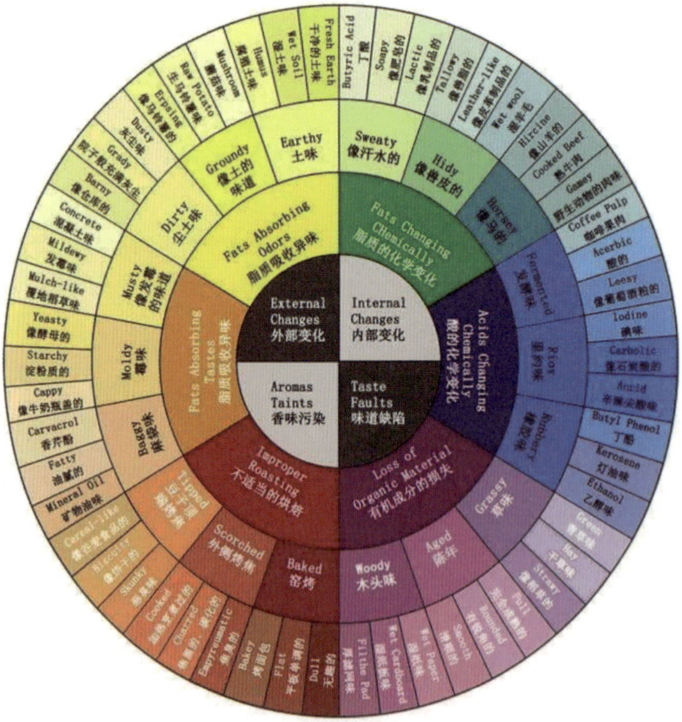

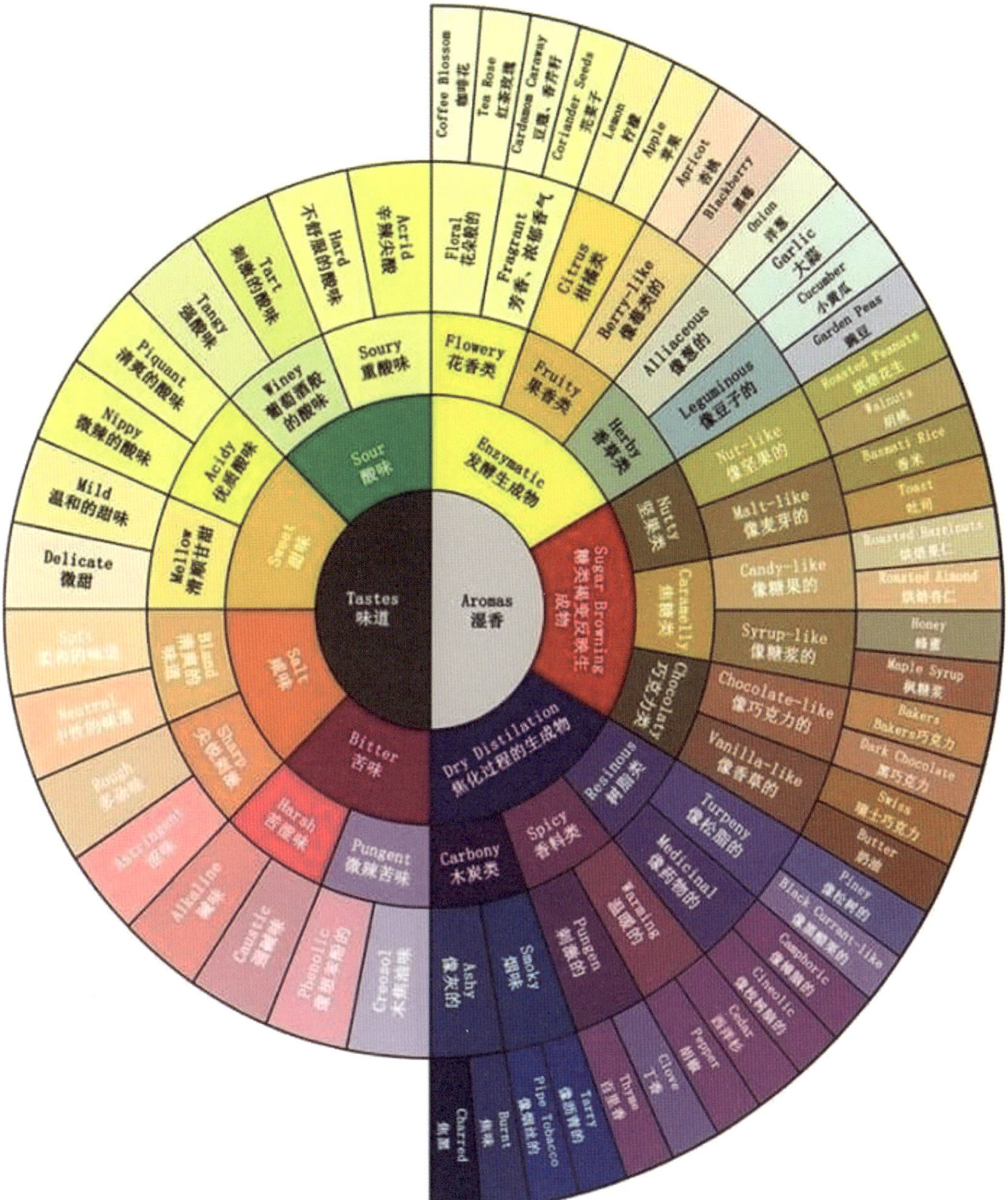
Tastes 味道
Aromas 湿香
Sour 酸味
Sweet 甜味
Salt 咸味
Bitter 苦味
Enzymatic 发酵生成物
Sugar Browning 糖类褐变反应生成物
Dry Distillation 焦化过程的生成物
Soury 重酸味
Winey 葡萄酒般的酸味
Acidy 优质酸味
Mellow 滑顺甘甜
Bland 清淡的味道
Sharp 尖锐刺激
Harsh 苦涩味
Pungent 微辣苦味
Flowery 花香类
Fruity 果香类
Herby 香草类
Nutty 坚果类
Caramelly 焦糖类
Chocolaty 巧克力类
Resinous 树脂类
Spicy 香料类
Carbony 木炭类
Acrid 辛辣尖酸
Hard 不舒服的酸味
Tart 刺激的酸味
Tangy 强酸味
Piquant 清爽的酸味
Nippy 微辣的酸味
Mild 温和的甜味
Delicate 微甜
Alkaline 碱味
Caustic 腐蚀味
Phenolic 像苯酚的
Creosol 木焦油味
Floral 花朵般的
Fragrant 芳香、浓郁香气
Citrus 柑橘类
Berry-like 像莓类的
Alliaceous 像葱的
Leguminous 像豆子的
Nut-like 像坚果的
Malt-like 像麦芽的
Candy-like 像糖果的
Syrup-like 像糖浆的
Chocolate-like 像巧克力的
Vanilla-like 像香草的
Turpeny 像松脂的
Medicinal 像药物的
Warming 温暖的
Pungen 刺激的
Smoky 烟味
Ashy 像灰的
Coffee Blossom 咖啡花
Tea Rose 红茶玫瑰
Cardamom Caraway 豆蔻、香芹籽
Coriander Seeds 芫荽子
Lemon 柠檬
Apple 苹果
Apricot 杏桃
Blackberry 黑莓
Onion 洋葱
Garlic 大蒜
Cucumber 小黄瓜
Garden Peas 豌豆
Walnuts 胡桃
Basmati Rice 香米
Toast 吐司
Roasted Almond 烘焙杏仁
Honey 蜂蜜
Maple Syrup 枫糖浆
Bakers Bakers巧克力
Dark Chocolate 黑巧克力
Swiss 瑞士巧克力
Butter 奶油
Piney 像松树的
Black Currant-like 像黑醋栗的
Camphoric 像樟脑的
Cineolic 像桉树脑的
Cedar 西洋杉
Pepper 胡椒
Clove 丁香
Thyme 百里香
Tarry 像沥青的
Pipe Tobacco 像烟丝的
Burnt 焦味
Charred 炭烧

（引用 SCA 舊版風味輪）

豆子的保鮮與保質

咖啡的保鮮期與保質期觀念必須加強。

以咖啡生豆來說，我一定購買真空包裝的咖啡生豆，能夠保存相當久，保鮮期很長。拆封以後，保鮮期就會慢慢衰退。

烘焙完成的咖啡豆則有保質的問題，每過一天，保質都會下降一些。

除此之外，低氧化的狀態相當重要。保質期相對較長，剛烘好的咖啡豆並非咖啡的最佳狀態，必須經過排氣期，才能擁有最佳風味。若是短時間沒能喝光，咖啡豆的吸附期將完全影響咖啡豆的保質期。

杜絕與少氧的環境，才是保鮮、保質的最高概念。

洩壓閥

咖啡袋上面的孔洞是洩壓閥，不是為了排氣設計的。當然，若是施加壓力的話，可以排出內部空氣，並不會自然排氣。

洩壓閥是應對大氣壓力的改變，或是溫度上的改變，防止在不同高度的海拔因為大氣或溫度調節不同而爆裂。

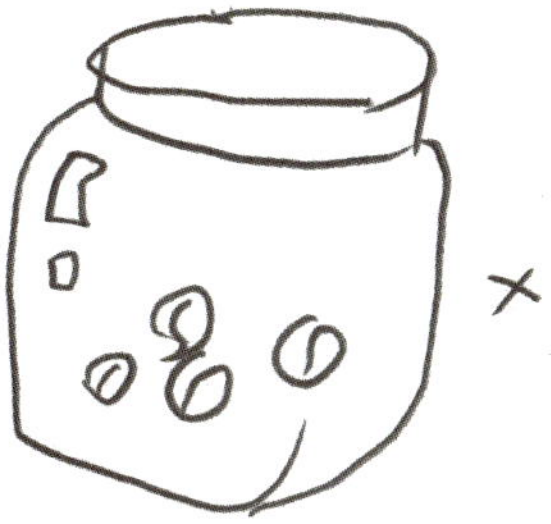

透明罐，保質期短

真空包裝，保鮮期長

不透明罐，保質期長

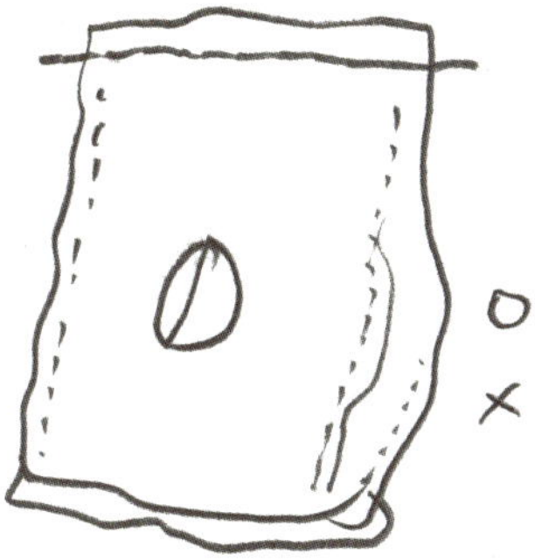

袋裝，保鮮期短

鋁袋，保質期長

我的烘焙心事

如果生活可以像咖啡一樣烘焙……

咖啡精神的心情一如過去的顏色：紅色調代表著熱情奔放、喜悅；藍色調代表著純真、安全，甚至有些憂傷；黃色調代表著警告、戀愛、光明、希望、財富……

連顏色都可以有這麼多的象徵，喝咖啡當然也有，不是嗎？

那如果生命也能烘焙，焙度可以選嗎？就如同銷售品質好的咖啡，你願不願意從業那麼久，在生活中誰都會面對很多不知道、想知道的事，也是這樣有了挑戰，有了機會。

就像烘咖啡豆，我同樣經歷了不同階段。我的生活空間很小，但我的咖啡想像空間卻很大。

淺烘焙（Light Roast）

淺烘焙的咖啡對我來說風味清新，充滿著花果香氣。在生活中，淺烘焙對我來說代表著探索冒險和新的開始，每天可以選擇不同的事物學習或生活，新的關係。

中烘焙（Medium Roast）

中烘焙的咖啡具有平衡的特質，少酸少苦，多一點甜，代表著平和、安定、努力保持健康生活、穩定的工作。維護家人及人際關係的時候喝中烘焙，就是應該平和的享受生活。

深烘焙（Dark Roast）

有時候我喜歡深烘焙的濃烈，濃郁中帶有焦香與烘焙的香氣。生活中，我喝深烘焙可能代表了這一段時間的挑戰和困難。選擇深烘焙代表著勇敢面對逆境，克服壓力，最好成長的時刻。

重烘焙（Extra Dark Roast）

重烘焙咖啡對我來說已經是另一種層次的飲品。咖啡苦，人生就沒有那麼苦。帶有焦苦炭燒香的咖啡代表著極端的個性，直接面對壓力或逃避。重烘焙是極端的咖啡，也是堅持超越極限並經歷生命中最困難時刻。

生命如果能烘焙，就有不同的渴望。有時候我們需要平和，有時強烈奔放，無論哪一種烘焙，都該享受這個過程，並學會品味生活中每一杯咖啡，因為生活就在那裡，無論淺烘或中烘，都是寶貴的一部分，輕鬆享受。

烘焙程度也反映在我們的喜愛、對風味的認

混的概念

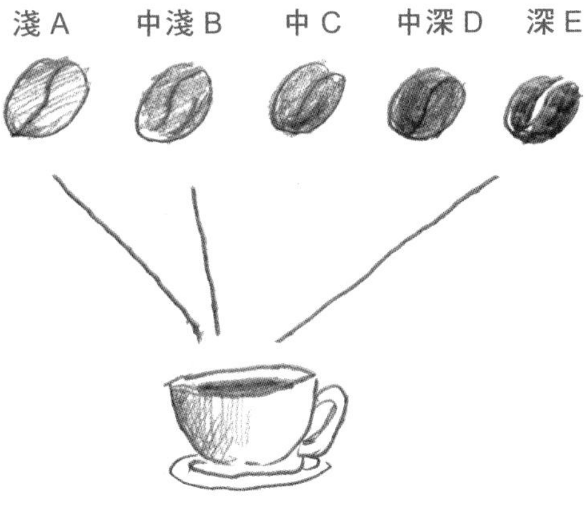

配的概念

知，追求令自己心靈愉悅的體驗。

這也是生活上的多樣性，順而了解喜好與價值觀，心情泉源，幫助我們飲用咖啡時隨心所欲。

不要忘記，生活本身就該是一種藝術。用心烘焙沖煮，創造不同的不同。

淺中烘焙

這些年，我個人在烘焙上的處理，大部分都是以淺中烘焙為主要銷售。

我個人對淺、淺中、中深的烘焙情有獨鍾，客人對於極淺、淺烘焙的咖啡豆則是又愛又怕，愛的是純真自然的氣息，香氣逼人，但口感的青澀及超高酸度總覺得胃在糾結（極淺烘焙），導致市場仍以淺中焙、中深焙的咖啡為主。

有沒有可能是你的淺烘焙咖啡豆沒有一致的熟度，也就是外熱內生，滋味無法和諧，因此造成了負面口感呢？

目前大部分的烘豆師為了保留花韻的風味，往往把咖啡烘製到極淺，所謂的輕烘焙，若是烘豆師沒有更精緻的思維，就會導致很不好的口感。

我的好友、我的老師龔于舜先生說過，茶農為了追求花香，做出比以往偏輕發酵，直接毛茶出售，輕發酵的茶非常容易反菁、反潮導致傷胃，但茶質還是保留在茶葉內。

經過歲月的洗禮，**茶可以轉換成又香、又醇、又厚、又甜，耐泡的好茶，但咖啡不能，這是茶與咖啡烘焙的差異。**

咖啡烘焙的轉變

咖啡烘焙過往的條件與現今差異相當大，尤其是概念的轉變。

傳統烘焙往往採用高溫、快速、較深的烘焙程度，色階以深色為多，現今的烘焙色階以單品咖啡豆而言，烘焙趨勢更加多元，更注重保留咖啡豆本身的風味特性。

與過去的差異性及供火能源的不同，使得現今的咖啡風味跨幅完全不一樣，過去的風味跨幅使得口感是窄化的。

從烘焙時間、烘焙機具、烘焙溫度、烘焙程度、指定式烘焙到咖啡生豆多元性，以烘焙時間來說，咖啡烘焙師如今更了解烘焙時間的長短，可以呈現更精準的風味。大部分獨立精品咖啡館的烘焙還是淺一點，或是較短的時間、較低的溫度，以保留咖啡豆原始的風味。

溫控選擇方面，因為烘焙機的多樣性與提供的熱源不同，低溫下豆變成了一種趨勢，與過去直火高溫完全不同，咖啡風味的變化也相對大了許多。烘焙程度以淺、淺中、中淺、中為主，更容易突出咖啡的風味與個性。

以上所述變化差異，使得每一位烘焙師的咖啡風格多樣、消費者能品嘗不同個性的咖啡。具體條件仍因品牌或產地有所不同，但都有自己風格、祕方。

梅納反應

關於梅納反應的一百二十℃、一百四十℃、一百六十五℃運用概念，我看了非常多文獻，少見「不同的食材，反應的時間不同」這一類論述。

拿咖啡豆而言，每一款豆子的處理方法若不同，咖啡生豆的密度、含水量和密度都不相同，雖然差距並非很大，卻關係著造香過程的取捨。

我的前三本書提過，烘焙應該針對熱對流、熱傳導、熱輻射而有不同比例的分配。就如同現今的日式低溫烘焙與北歐烘焙在概念上有差異，我認為不同的見解太多，大多數依然糾結於溫度上的數字，而不是先了解咖啡豆有什麼風味，該用低溫、中溫或高溫。相對的，如上所述，不同的食材甚至風味（每一款咖啡豆風味不同），處理法都不同時，就應該充分利用時間，掌握手段，烘製咖啡。

顏色與咖啡

麵包在烘烤時的反應主要會影響麵包外部的色澤變化，以及烘烤過程的香氣生成。這是麵粉中的糖與麵包的蛋白質發生的關聯。

若是烘製咖啡，梅納反應不僅影響豆子的色澤變化，更對咖啡的風味香氣有非常大的貢獻。咖啡豆在烘焙的過程中，咖啡中的碳水化合物和蛋白質結合，產生了龐大造香過程，也因如此，每一個產區的烘製咖啡將決定梅納反應的起始點是從一百二十℃、一百四十℃，還是從一百六十五℃開始，以及梅納反應的結束溫度。

烘焙咖啡豆最難的，就是不同的產區產出的咖啡生豆有很多的差異性。換言之，烘焙咖啡豆之所以要有不同食材的概念，目的就是利用梅納反應的變數來烘焙咖啡，以達到不同品種風味特色的喜好。請試著用不同的溫層烘焙不同的咖啡。

烘出完美的最佳風味

烘豆模式能夠複製貼上嗎？

同一個環境的確有可能接近，不同的環境確實很難。咖啡生豆的品質、品種，同樣或存放時間不同，要複製不太可能。

若是複製咖啡店相似的咖啡風味，一致性要高，事實卻不是如此，複製數據是神話，半自動、手動才是王道，就如同義式機的概念，手動、半自動才是營業機。

明明看到升溫的曲線，為什麼模仿不來、風味差別那麼大？

曲線是對個人而言的烘焙過程，並不適用於每一個人。

某一次討論會上，有學員說，我和他用的是一樣的曲線，為什麼風味差這麼多？

我的前三本書提過，烘焙時曲線要相同是很困難的，可能只會有部分重疊，完全一致有困難，印證了**自變數的變數太多的可能所造成的變數**。

烘焙過程是不可逆的，別想烘製後回烘，失敗就是失敗，不是能預期的。

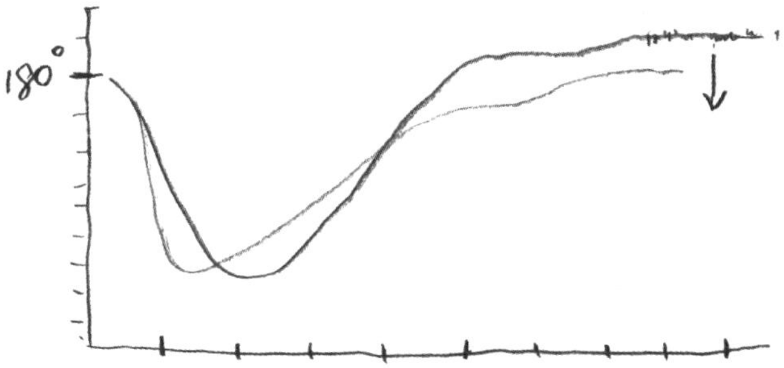

最常看到的曲線圖

圖表只是紀錄

下列圖表是北歐咖啡大火淺焙的簡圖，參考自《Cropster 精品咖啡學》。

這些圖表說明了不同的烘焙，結果大大不同，能從不同的溫度獲取自己對咖啡的目的性。

然而若想仿烘，下豆溫度相同，回溫卻差異甚大（環境、機型），火力能源的足與不足，那還能夠後製嗎？這是很大的疑問。

若能後製，應該到處都有冠軍咖啡豆。可惜事實是骨感的，

此表只是紀錄，而不是豐富的質感，是我們在烘豆學習上的參考。

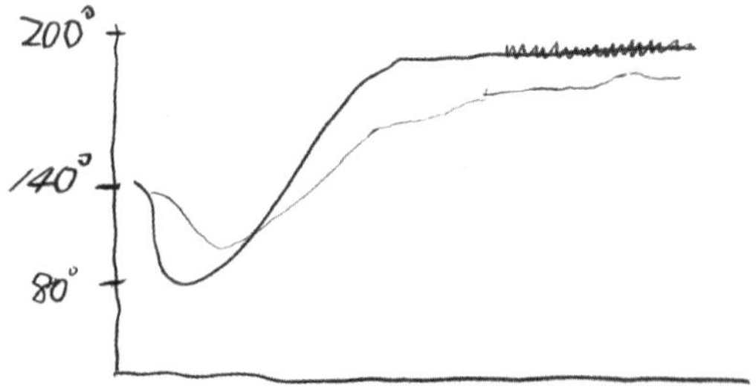

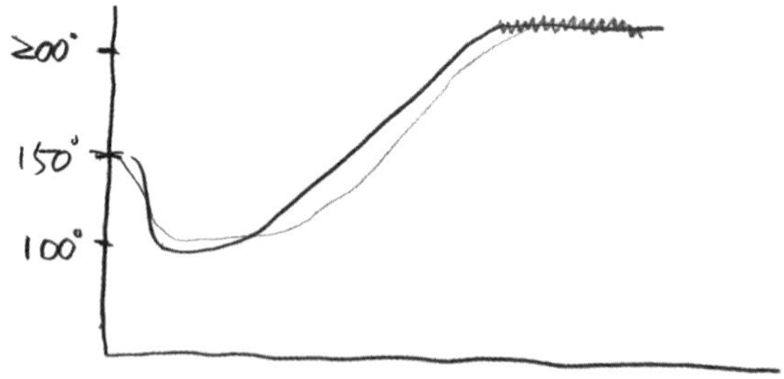

小店烘豆

小店烘豆同樣可以有聲有色，每星期都是新鮮的咖啡豆，新鮮就是優勢，而且是大型連鎖店做不到的。

大量烘焙，裝袋，存放，配送，再次存放，使用，造成了今日看到的大型袋裝烘焙豆，保存期為三百六十五天的神話。

為什麼我說小型精緻的烘焙模式更能顯現每一杯咖啡的新鮮美味？

對我個人而言，養豆完成的咖啡豆（七日）後開始，最能呈現咖啡的風味，新鮮是不變的道理。

六百克到一公斤（一千克）是小型店最佳烘焙機種，烘焙過程中更能烘製風味的精確度。

若是以重烘焙為主，那無法避免咖啡快速氧化變質，產生不健康的成分。

建議流程——

1. 觀察咖啡生豆現有狀況
2. 提出質疑
3. 制定烘焙計畫
4. 執行烘豆內容
5. 再次執行，反覆測試
6. 得出烘焙結論
7. 流通烘焙結果

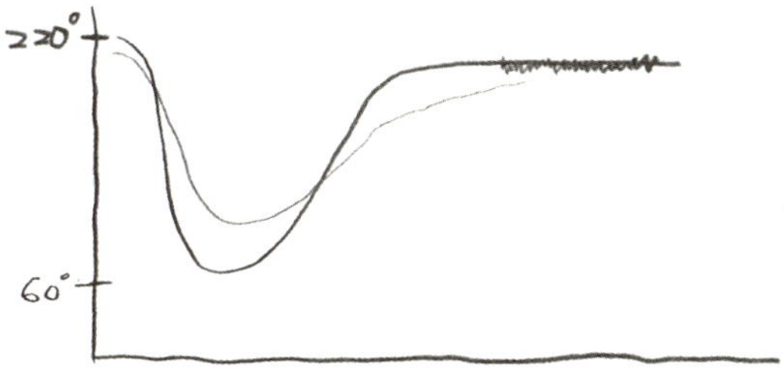

打造完美風味的 ROLLTECH 600 型

室溫下豆，伊索比亞G1（西達莫）

入豆溫	回溫	出豆烘	一爆點	烘焙時間
28°	0	192°	17.5	18.8 分

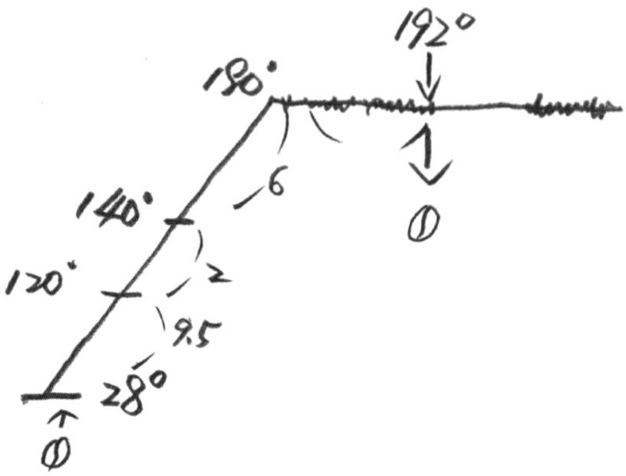

高溫下豆，祕魯，八月咖啡烘烘烘，冠軍線

入豆溫	回溫	出豆溫	一爆點	時間
190°	75.5°	193°	187°	11.20 分

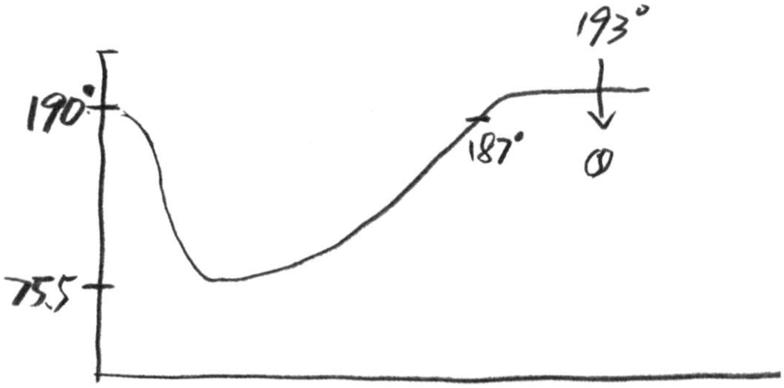

同樣的目標點，前往的過程不同

同樣的目標，以下面三種方式為例，烘焙的條件、結果會一致嗎？即便是同一款豆子，風味會一致嗎？很可能相近，卻有差異性的不同。

這就是我經常在課堂上所說，烘焙這件事，是由不同的方法比例去完成的。熱傳導、熱對流、熱輻射，是這三大主因與不同比例，完成了咖啡豆的烘焙。熱對流大於熱傳導，大於熱輻射。

上述所說都是基本概念，是烘豆師一定要先懂的道理。當咖啡生豆因為發酵狀態，如厭氧成酒香、日曬風味過於龐大雜亂時，烘豆師就要加高熱對流的比例，利用走水的過程、利用熱對流，來讓風味單純一些。這才是針對熱對流、熱傳導高低的調整應該具備的認知。

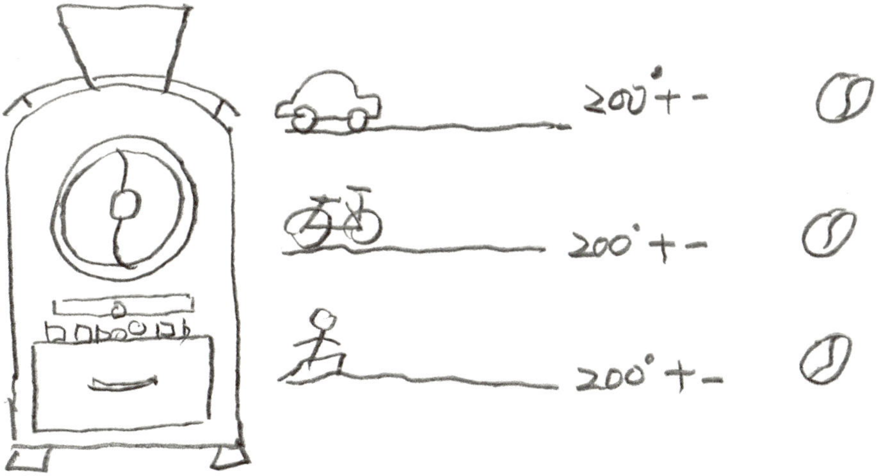

風味跨幅，人的認知極限

以下三回合的測試，以不同產區國的咖啡豆做烘焙與風味屬性的測試、下豆點。

烘豆過程的熱力供應不同，風的大小不同，咖啡豆的風味不同，但是，爆點溫度差異不大。換句話說，同樣的爆點，風味在淺中焙後一定也不同。這關乎於熱傳導、熱對流、熱輻射不同比例的運用，得出的結果相對不同。

很多人總是認為，同樣的溫度、爆點一致，風味應該相同，其實是不對的。

二〇二三年學員 Tim 在咖啡烘豆賽中，在指定咖啡生豆，進而烘焙，就花了大量時間交叉比對，最終成果就是脫穎而出，拿到冠軍。

交叉比對，用不同的熱力、風量，可以把咖啡

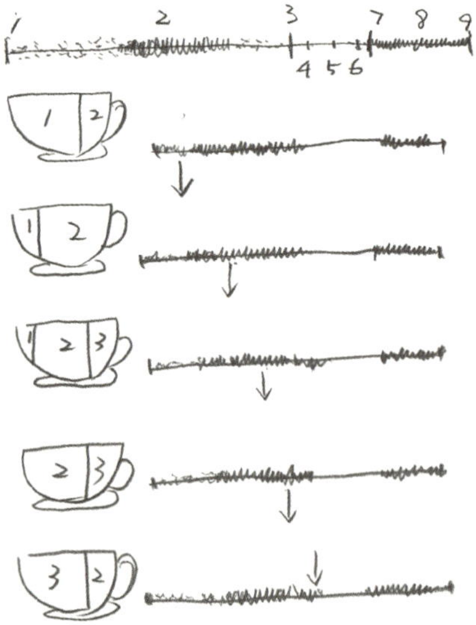

1 = 花香　2 = 果香　3 = 香草

音頻

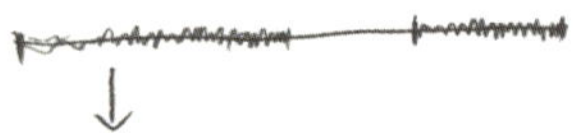

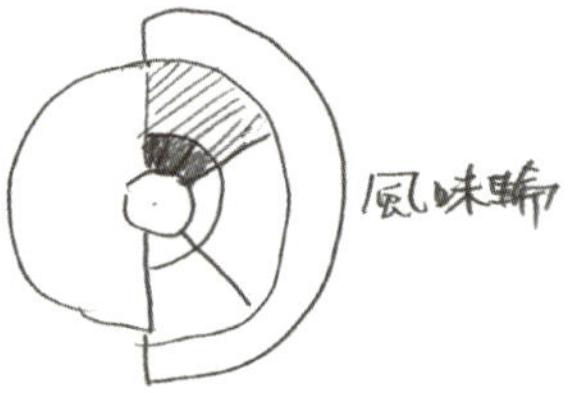

淺焙測試豆（衣索比亞水風鈴）
水洗
含水量 10.8
密度 850
水活性 0.52

風味展現：檸檬皮、柚子、佛手柑、白花，延續至啜吸同樣以柑橙類、白桃風味為主。前段以花類如梔子花、佛手柑，尾勁是蜂蜜甜感，帶酸質的柑類，後段呈現細緻花香餘韻，但必須接受淺焙後的酸感。

下豆點可參考音頻圖。

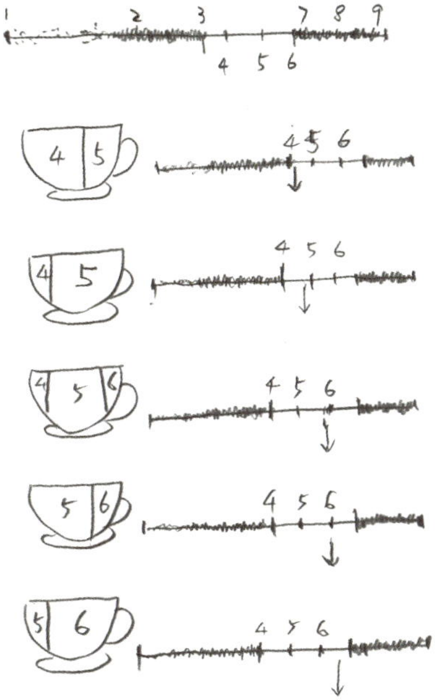

4 = 堅果　5 = 焦糖　6 = 巧克力

音頻 

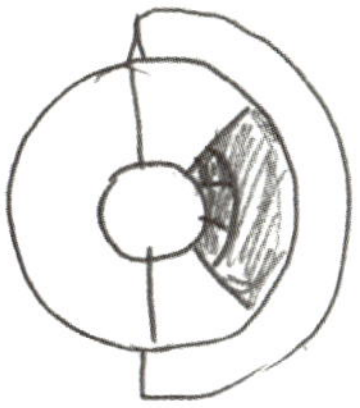

中烘焙測試豆（瓜地馬拉花沖）
水洗
含水量 10.9
密度 818
活水性 0.57
一爆結束前，靜音斷續，決定中烘焙程度，以風味輪 4、5、6 的下豆點。

風味展現乾香，柑橘類，蔓越莓，入口後即能感受到厚厚的茶感韻味，尾勁帶有可可及熱巧克力風味，純正乾淨，好比過去喝咖啡的情懷。

下豆點可參考音頻圖。

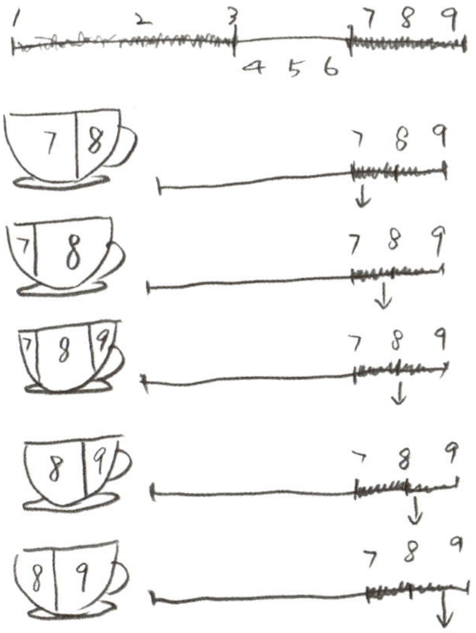

7 = 樹脂　8 = 香料　9 = 木炭

音頻 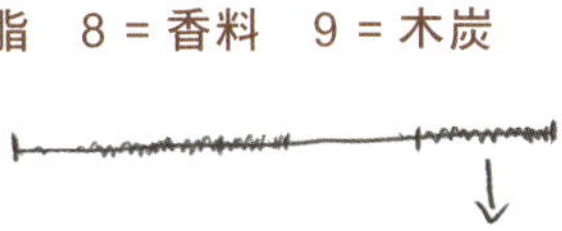

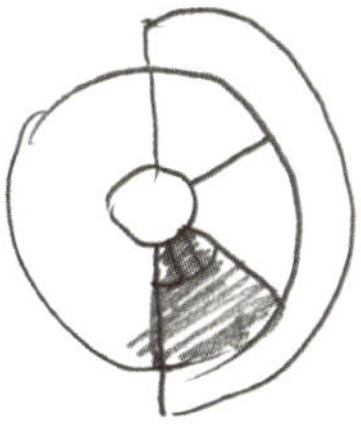

深烘焙測試豆（印尼曼特寧）
水洗
含水量 12.5
密度 705
水活性 0.65

風味為新鮮奶油、草香（藥）、紅棗。溫度降低後，乳脂感重，入口深感木質（樹）、焦香、黑巧克力、韻味，冷後氧化酸提高，中藥味加重（乾香、辛香味重）。

下豆點可參考音頻圖。

風味比對出最佳狀態。

精練精品咖啡，上述只是一小部分認知訓練，還有一大部分歸於交叉比對，大風、大火、大風小火、小風大火、中風中火等，以及加熱的熱能從十到一百，風能從十到一百，電熱直火、瓦斯直火。

對於烘焙及沖煮咖啡，交叉比對的重要性與目的，無非是想找到咖啡原有的主要風味。

前文提到控火、控風，**若是火力10至100中間的數字，都是可變動風味的因素**。若是風力，同樣是10到100，當然也是可變動的因子。

交叉比對

在數字調整的數值，交叉後，獲得的咖啡風味是不能預期的，當然必須靠交叉比對後找到最好的風味。

多數人在學習階段講究的是熟練操作烘焙機器或沖煮器具，鮮少有時間甚至想法改變基礎認知後的深入了解。

面對風味雜亂的咖啡豆，或是特殊處理的豆子，我的時間會拉得更長。

在烘焙及沖煮時交叉比對、分析、定義，是做為咖啡師刻不容緩的事，當然也具有學習上的意義，用於兩個或是多重變數之間的相互關係，藉由了解或解釋如何的變化，或是在烘焙咖啡時因為變數差異而互相影響。

交叉比對是一種紀錄，我經常用於記錄生豆品質烘焙以後的數據。學習咖啡時，烘豆筆記與烘豆紀錄一樣都不能少，不然未來進階時將無法解釋烘焙現象或預測風味。

交叉比對在任何學習上，尤其飲食方面最有趣。建議大家在烘豆沖煮時更新數據，填補缺失數值，去除異常值，這該是沖煮與烘焙的要件。

熱點、風點的大小運用，異常風味值及風味差異值的去除，都可以用比對數據來改善。

咖啡生豆分區塊，品質採選擇，烘豆前先了解（目的），烘焙後器具的種類、沖煮是否合適。不同的焙度是把咖啡煮好的重要關鍵，分解出不同的

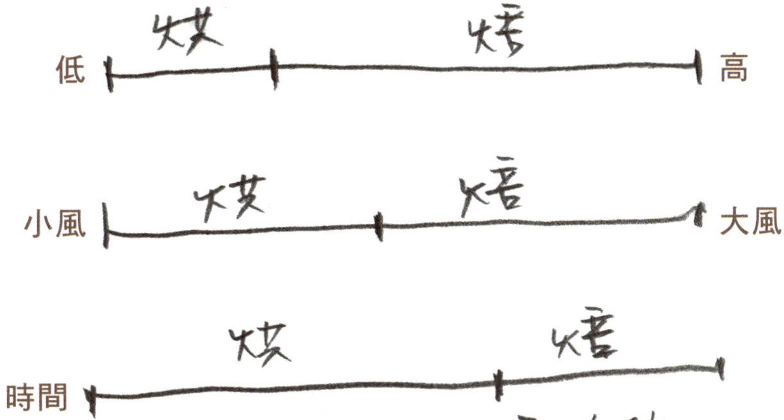

同一支豆子，不同烘焙時段
產生不同風味。

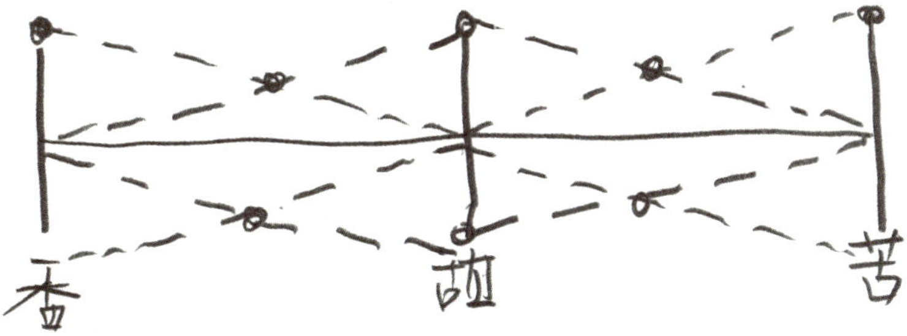

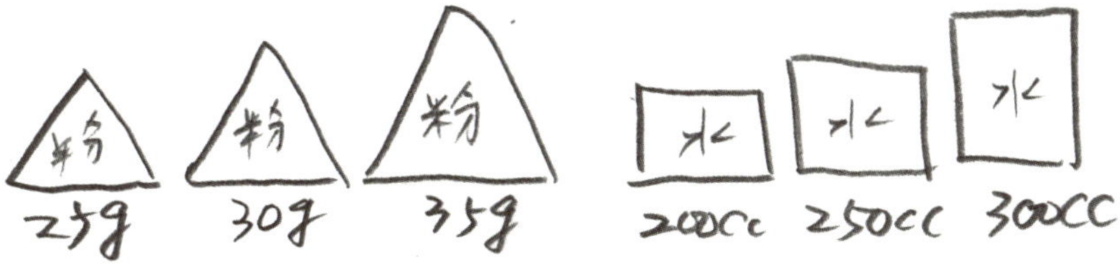

(如何調整風味)

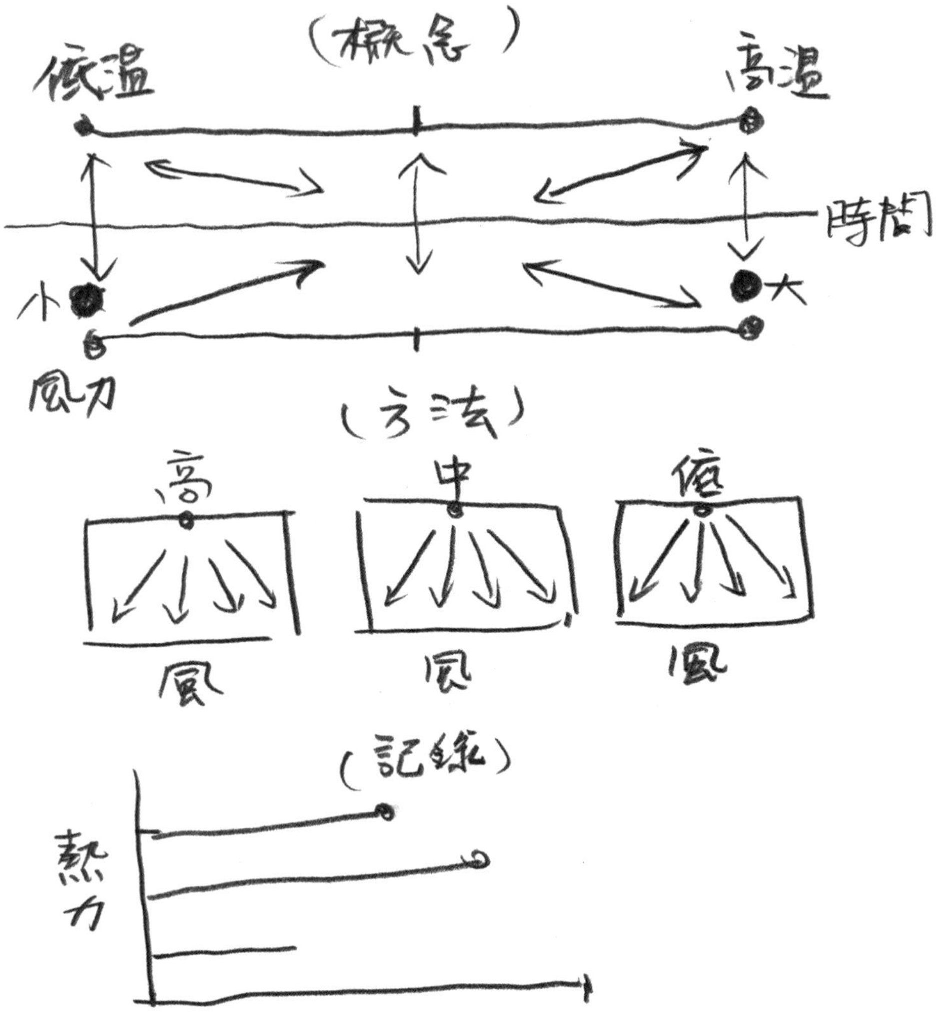
(概念)
低溫
高溫
時間
小
大
風力
(方法)
高
中
低
風
風
風
(記錄)
熱力

烘焙（變數）在多個自變數（如環境、氣溫）咖啡豆不同批次，存放時間。

所謂自變數是烘焙咖啡後，解釋或是預測本身的自變數的變數（本身的自變數來自過去烘焙的經驗值，比如應用過去烘焙的紀錄），除此之外，改變烘焙數值取決於這一款咖啡生豆原有的風味杯測（報價單上）。

豆子的風味決定烘焙性質，之前提過咖啡不同的屬性，也解釋是不是對每一種烘焙的程度需要更進一步的了解，也能對學員或消費者進一步解釋，可以確定是數與變數之間的關係，看看有無因果性，還是只有風味不同，而豆子的顏色很像避免錯誤的引導。

很多烘豆師和消費者只有對烘焙的顏色有所認知，但風味截然不同。

針對風速、熱力不同的交叉比對，能烘製出不同風韻的咖啡。

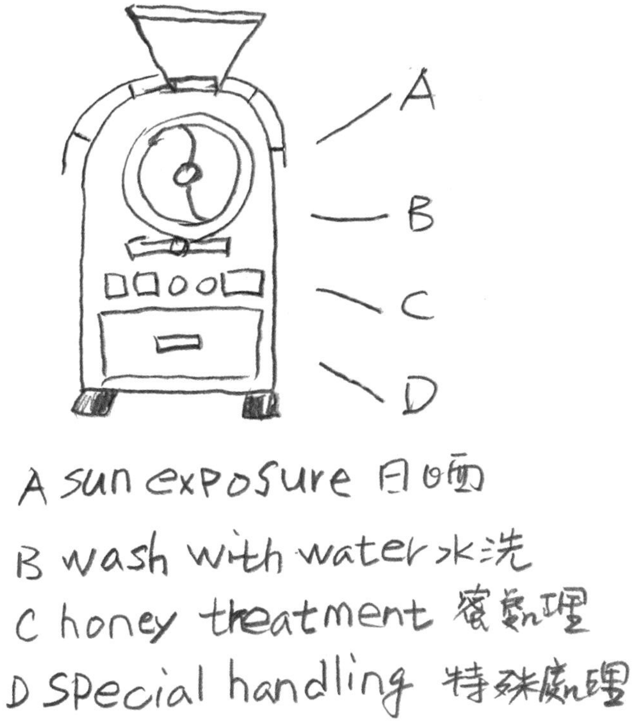

咖啡烘焙後的冷卻歷史

烘製咖啡為什麼要急速冷卻，可不可以有別的想法？

以過去的冷卻條件來說，咖啡高溫重烘焙後不立即降溫，可能導致原有的焦化會因為不做快速冷卻進而碳化。

然而，很多食物在烘焙時禁止使用電動風扇來冷卻，這又是什麼道理？

以麵包來說，麵包不能用電扇冷卻的主因來自麵包外部與內部的結構差異。烘烤時，發酵膨脹的麵團會形成一種熱脆皮，因為烤箱中的高溫先進行麵團表面的水分，如果烘焙後立即用電扇吹風，可能導致外層溫度快速下降。但是，內部相對較熱，可能導致內部結構無法均勻冷卻，因此失去了彈性，形成潮溼的內部，如此一來，麵包將喪失膨鬆的口感，保存後也容易變硬。

很多老師傅建議把烘焙後的食物置於室溫中自然冷卻，如果需要快速冷卻，建議放在通風良好處，目的都是為了保有最好的口感和質地。茶葉的製成同樣堅守自然冷卻。

冷卻需要足夠的時間其實有很多例子，大家可以自己想想還有哪些不能用電扇冷卻的烘焙食材。

咖啡的冷卻其實也有時代的變遷。昔日的烘焙條件與現今的條件不同。有些人說快速冷卻可以保持咖啡熟成的一致性，若不立即冷卻會一直熱熟成。自然冷卻的下豆時機難道無法預計嗎？這個話題其實很有爭議，但是否試過了自然冷卻與快速冷

▲ 咖啡冷卻機

▼ 空氣濾清機

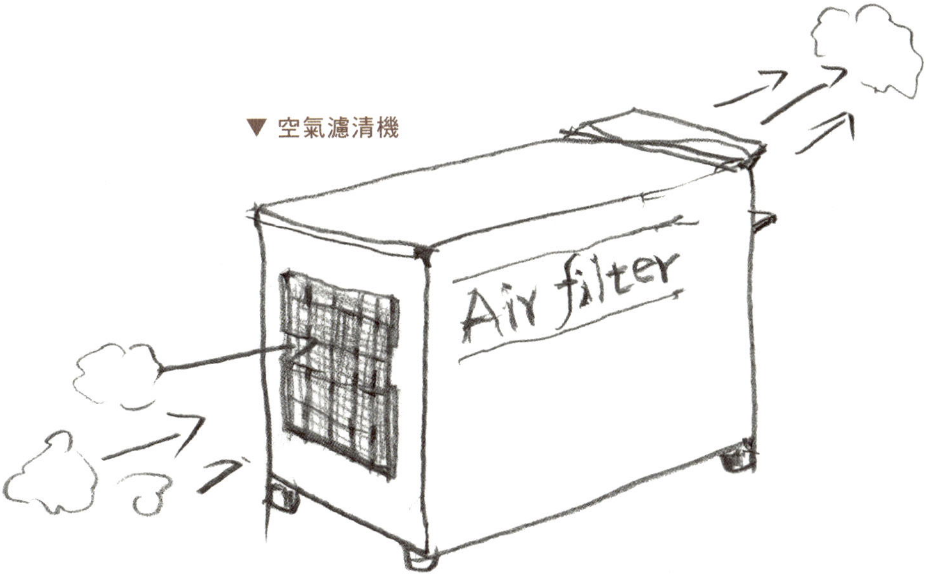

卻咖啡豆的差異呢？

其實我並不反對快速冷卻，它一定有其商業價值所以存在，大批量、時間、速度，這同樣是我過去批發咖啡時大量烘焙的處理方式。然而，自從改成少量烘焙，針對精品咖啡不斷學習冷卻的方式後，雖然我也不一定對，很建議大家自己試試、自己做心得報告。

這個話題涉及了技術與經驗，無論是快速或自然冷卻，絕對都是一門藝術，甚至會覺得有些時候違反直覺或是過往聽到的認知，比如燃煙。冷卻過程不夠迅速，可能也導致一部分的咖啡豆內部持續升溫，影響最終的風味及口感。此外，過於迅速冷卻同樣會引入一些大環境與小環境的溼氣或不好的氣息，對於咖啡的保存也有不良影響。

燃煙問題

說到燃煙，咖啡誘發著迷人、美味誘人的香氣，可是在咖啡烘焙的過程中，燃煙的汙染是個很嚴重的問題。

咖啡燃煙若是不斷地曝露在咖啡豆上，將形成致癌物質，尤其是瓦斯燃燒不完全時。最常見的例子如煙燻食品、烘烤過度的食品，被列為潛在的致癌物質，與多種病症連結。

換言之，長期飲用焦化或碳化的咖啡會有相當大的問題。烘豆設備如果無法處理燃煙的問題，不只汙染豆子、環境，也會波及烘焙當下的你。

火力與汙染

左頁兩張圖的差異在於烘焙時所產生的污染。上圖（黃火）是最常見的問題，最常發生，也就是瓦斯壓力不足，以及燃管口下方、吸氣口，污垢太多。這樣烘焙咖啡豆其實會有很大的問題，產生的碳粒與燃燒不完全的一氧化碳，不論對咖啡、對烘豆師，或是咖啡豆與消費者，都有大小不一的傷害與污染。

瓦斯壓力不足、刻意調小火、火管有汙、火點位置不同、舊管太多，都有可能是火力不充足的成因。

任何燃燒的物質沒有完全燃燒，都一定會產生很多問題。

黃火：火力不足、燃燒不完全

藍火：火力充足、燃燒完全

水的冒險

水與氧

咖啡煮得愈久，就表示水內的氣慢慢減少，香氣也會隨之隱藏，或是溶入空氣中。所以說咖啡煮得愈久，風味呈現愈差。

最常見的口感味覺測試是用保溫飲水機的水煮的咖啡，以及未加熱的水煮的咖啡。手沖咖啡就可以做測試。

正常加熱與反覆加熱的水所沖煮出來的咖啡，兩者差異相當大，這關係到水的含氧量多寡，呈現出來風味可能比較亮或比較沉悶。

一般過濾水本身就含氧。保留水中的含氧量，才是新鮮的水（熱）。

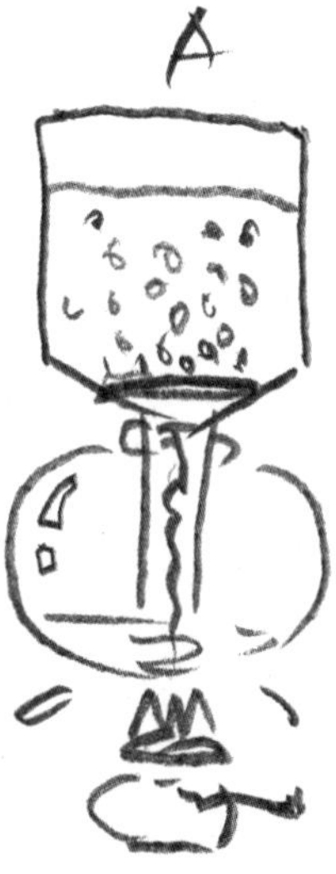

煮一分鐘的氣泡水態

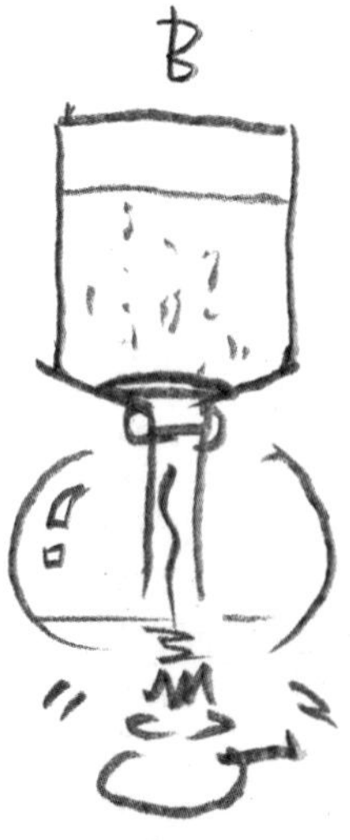

三分鐘後的氣泡水態

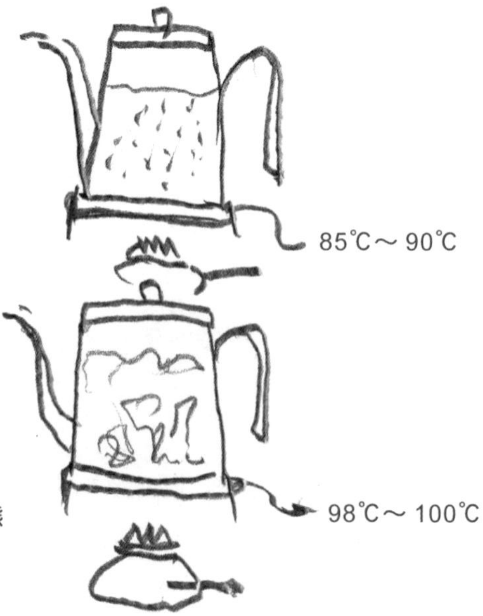

台北市的自來水在大氣壓溫度為攝氏二十五度時，每公升溶入九mg的氧，加熱後會慢慢減少。

若想沖煮一杯美味的咖啡，除了咖啡新鮮，水也要新鮮。沖煮咖啡或茶時煮水，離水沸騰前二十秒能大量保留水中的含氧量，對於香氣的表現將帶來明顯差異。

三沸、老化的平滾水，並不適合沖煮咖啡。

應該避免重複沸騰，水在重複沸騰的過程中有可能增加金屬含量。

每一次定量煮水可選用玻璃壺或瓷壺，以避免剩餘的水與空氣中的氮發生作用，水質老化得更快。

水、沸點、海拔

不同的液體會在不同的溫度下沸騰，我們所在之處（常壓沸點）的海拔高度若為零，沸點為一百度；海拔一千九百公尺，沸點為九十三．四度。

除了海拔差異，不同內容物的液態水，也在不

不同的水質

同的溫度上、時間上，有著些微差距。

咖啡師選擇的水相當重要，除了沸點不同，各式水質也要經常比對。

物質與物件的共價性運用

煮水的過程中，不同的器具對於水分子的共價條件影響微乎其微。但用不同的器具煮水會發現，水有器具材料的味道。

其實水的結構非常穩定，通常不會因為外部材質或加熱而改變，反倒是器具的材質可能會透過加熱或浸泡，透過與水的接觸，影響水中的微量物質或是雜質濃度，進而讓水的風味、PH值等產生變化，影響風味與口感。

各種不同的濾片如銀片、瓷片、陶片、鋼片、鐵合金片、玻璃片，與金壺、銀壺、生鐵壺、銅壺、玻璃壺等不同材質的壺具，兩者之間的作用，就是我想說的，器具與水所產生的微妙效應。

以下提供不同的壺加熱之後呈現的口感：

不鏽鋼壺——不鏽鋼壺的手感是耐用。加熱後，水感會有一些冷金屬的味道。雖然水分子並無變化，微量的金屬粒子卻會溶入水中。

生鐵壺——優質生鐵壺的水感風味甜美，對水的還原有一定的影響，是常見的日式煮茶利器。

玻璃壺——對我來說，玻璃壺是所有器具中傳真度最高、最乾淨的。想表現咖啡最原始的風貌，玻璃器具是首選。

過去時代的銅器具——銅會釋放出大量的銅離子，對水的氧化有一定程度的影響，喝起來會有些復古的金屬味，很不美味，金屬感滿滿。

陶瓷壺——陶瓷壺應該注意的細節更多一些。以陶瓷的品質來說，釉彩的狀況與陶土本身有無汙染是相當大的關聯。如果釉彩的品質無虞，水的口感喝起來柔和細軟。依照釉彩與陶土的品質，可能會釋放有害物質，導致咖啡杯的價差很大。

銀壺與金壺——相當不一般，帶著歷史的厚重感。銀和金都屬於特殊金屬，煮水的過程完全是物理上的干預，會釋放出離子。當然，銀也有抑菌效果。

紫砂壺、陶壺——紫砂壺和陶壺這兩種天然材質很有意思，壺壁都有能夠吸附微量雜質的小孔隙，同時也會釋放一些天然礦物質，影響水的風味，甚至改變水的pH質或是礦物離子含量。紫砂壺和陶壺不會改變水的化學結構，但會讓你覺得水更甜美，水也變得更活一點。

無論使用何種器具、何種材質，水的化學本質不會改變，但是喝起來的口感，甚至是嗅覺，都可能受到器具材質的影響。我覺得非常有趣。

如果在意這些細節，不妨試著玩一場水的風味大冒險。

沖煮咖啡與自動化

學習沖煮咖啡時若經歷了很多挫折或失敗，再繼續下去，甚至達到失控，才能真正領悟咖啡的道理。每一次失敗都是經驗法則的疊積，更是寶貴的經驗。

沖煮咖啡有點像探索某個領域的最深層，也是讓咖啡師對咖啡痴迷的魅力所在。

在失控的階段，挫敗是無法避免的，也許迷失但不曾放棄，所有突如其來的困難都是一次重新的思考、調整，絕對能幫助我們理解產地、選擇烘焙程度，掌握沖煮器具的技巧。

除了上述這些，閱讀占了非常大的學習，沒有範圍，也證實了〈學記〉所說的，「學然後知不足，教然後知困。知不足然後能自反也，知困然後能自強也」。教學相長。

瞭若指掌之間，用這感悟來了解自身對於咖啡的學理、技術，再貼切不過。但實際上我們在自身理性之外，很可能知道的不多。也就是說，咖啡除了沖煮以外，還有什麼，不用說穿。

咖啡由很多的組合完成。

咖啡入口後，我們的舌頭由十七塊肌肉組成，可謂異常靈活，加上無數的味蕾細胞，沖煮咖啡，在口中的口韻是最大的反應。

品嘗咖啡時會動用九十％以上的味蕾，我們將感受到多重多種的味覺感知。品嘗咖啡口腔內的表現及感官，訓練絕對是獨特的領域，不只喝得出風味，也說得出風味（建立風味感官系統）表格。

美是美、藝術是藝術，這是微妙的差距嗎？

沖煮咖啡主要呈現的是視覺與味覺的結合、杯具使用、咖啡的質地、色澤，甚至環境及內感的層次與口感。有些事物可以直接感受，沖煮的細節則絕對是另一層感受，這也關係了大多沖煮上的情感，表達和創造風味也好，圖形也好。也就是說，沖煮態度是多樣又廣泛的概念，透過沖煮咖啡來傳達咖啡師的情感，能夠引起消費者的共鳴。

沖煮咖啡當然可以被視為一種藝術，尤其是專業咖啡師運用不同的手法技巧，創出獨一無二、每一杯的咖啡都那麼好。咖啡的美感和藝術，皆是專業咖啡師對於喜愛的咖啡的詮釋。

對我來說，這感受是獨特的特質和定義，而這一切，咖啡沖煮的過程、美感與藝術的差別是一個啟發意義的差別，好像不同。的確息息相關，就如同在畫布上表達自己的情感意念，咖啡師所用的技巧來呈現不同咖啡的風味，這種表達不需要懷疑，同樣是一種藝術，這也是我上課時都會向學員提到的自身價值、認定。

靶心概念，指烘焙及沖煮咖啡時的中心原則、概念。也就是在沖煮或烘焙咖啡時能否了解目標。靶心概念是個通則，只與自己的喜好有關係，而沖

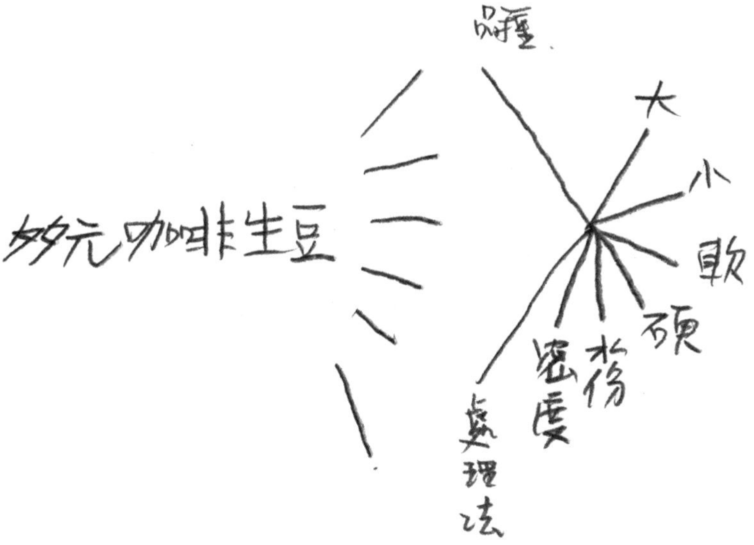

煮咖啡或烘焙，當然這也不是不好或不行，若你是精品咖啡師，就是不可行的作為。

我前幾本書中透過不同的篇幅強調過，了解咖啡生豆、了解風味、了解器具，是咖啡師刻不容緩的當務之急，而精品咖啡師要將靶心縮小到一定的定位（烘焙標準以靶心為準）來沖煮或烘焙，這是精品咖啡與商業咖啡最大的區隔與差異。

根據我多年在各地喝不同的咖啡，以科學立基點所做的不科學結果是，大部分咖啡從業人員「知不足」的狀態，導致了咖啡師只要懂機具操作，會使用工具，會拉花就可以，因此得不到尊重，得不到該有的報酬。這是我多年觀察、問到的心得，在此分享不是貶低別人，提升自己，也不需要。

用科學的立基點解釋飲食，卻做不到科學的結果，難道只有喜歡與不喜歡的差異嗎？

自動化機具，無論是烘豆機、咖啡機，設定的數據可以滿足不同的需求嗎？

自動化的呈現在這個世代好像是一種趨勢，不接受彷彿不行，但若是以飲食文化來說，我無法接

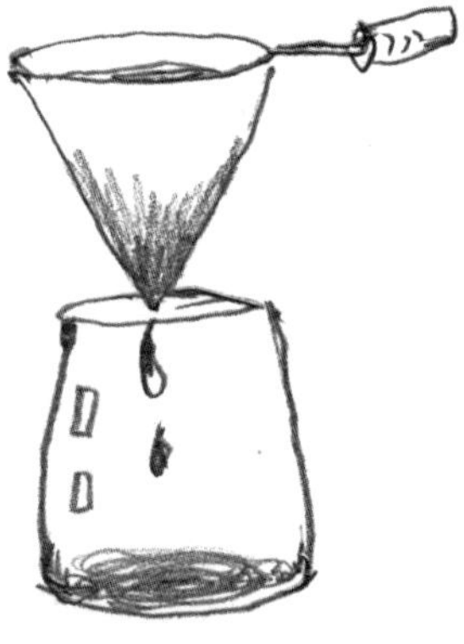

法蘭絨

美式機

受自動化。縱觀昔日名匠名師為什麼能擁有屹立不搖的地位，不外乎技能、技巧、技術、情懷，這當然是認知的問題。

不同的萃取工具

在咖啡的萃取上，過去的形態及器材的設計往往對於咖啡豆的選擇無能為力，在萃取上只有工具，而無理性，無法到達之前提及的工具特性。

從容易到不容易到方法到快速，上述條件中，不外乎是以最方便的條件，隨時喝一杯自沖咖啡。

特別要提的是，過濾方式的不同、不同的濾材流速及造型、控制水溫的一致性，這些相對條件會讓沖泡同一支咖啡豆，產生口感的差異與不同的喜好。說它有標準很不科學。

我的概念是，變數條件，水的質量相同性，研磨機型的種類，沖煮的高低力度，決定了能夠沖出何種不同的風韻口感。

手沖濾紙杯

耳掛

濾杯內部花紋導水

手沖二三事

沖煮壺的高與低

關於沖煮壺的高低、沖煮速度及溫度穩定的控制，沖煮點的深度關係著高低點與壺型不同。深度、沖或撞擊水面，萃出不同。

衝擊力所受的壓力強度，對於沖煮時，傳質效率不同（咖啡粉的烘焙程度與內部溶解度不同時，會產生萃出的快與慢）。

可以試看看的手沖手法

同一支豆子，同樣的研磨刻度，只有沖煮手法不同，看看是否有很大的風味差異，作紀錄。

A：正沖，順時針，固定高低加上上下轉動。
層流＋湍流

B：上下順時針，高低轉動。只有湍流

C：定高定速，穩定順時針轉動。只有層流。

這幾種沖法是最常見到，可以自行作的實驗。

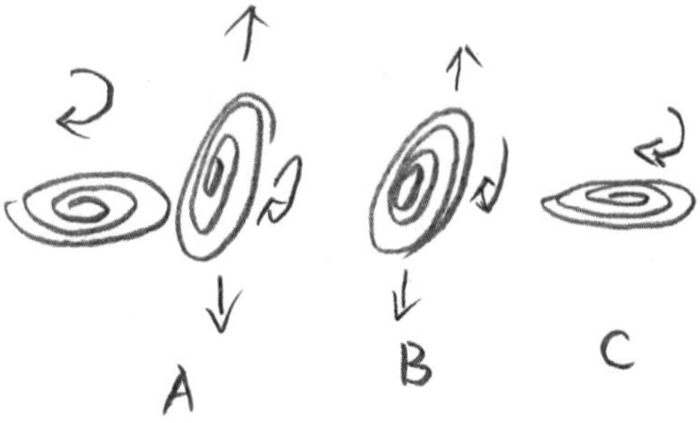

手沖咖啡基本手勢

下水時的水態

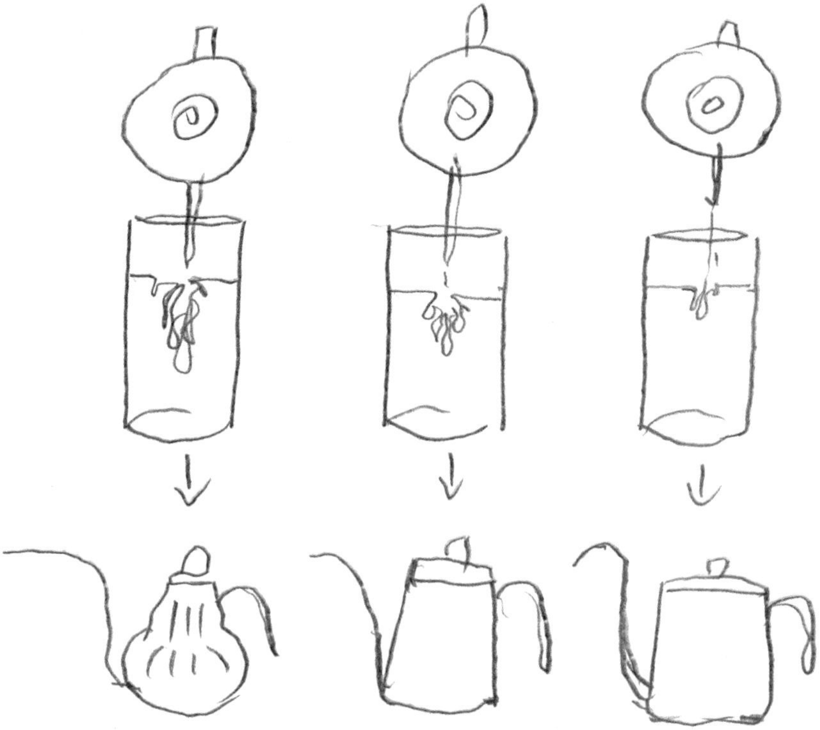

手沖壺萃取出水力度
不同的手沖壺彎嘴設計在沖煮時的反應

手沖咖啡的水淹

手沖咖啡時，為什麼有時候會形成水淹，有時候不會，導水性反而更好？明明磨相同的刻度。

這是很多學員與咖啡愛好者經常遇到的問題，其實有多方面的變化差異，我來列舉一些例子。

比如咖啡烘焙後的條件不同，就如同不同烘焙程度的咖啡豆，其軟硬脆度不同，浸水後，咖啡粉會因為豆粉本身的軟硬產生不同的膨脹，形成阻水性高、慢，或是導水性高、慢。

再者，磨豆機的刀盤設計不同，會形成粒狀、片狀等，同樣水溫下因此會產生不同的流速。

以上兩點，應該是最基本的解釋。

PS. 測試同一種磨豆機刻度

PS. 同烘焙程度的咖啡豆，或不同的烘焙程度

太新鮮與不新鮮

新鮮咖啡豆

A圖的視態，咖啡粉完全上浮而不分層，咖啡豆內的氣體最旺盛，很難分層。手沖時膨脹度高，白色泡沫多，虹吸上壺視態也是。

放過久

所呈現的視態一如B圖，咖啡粉的內部氣體已經完全喪失，因此內部無氣體發展，也不能膨脹。

沖煮時間過長的話，A圖和B圖的粉體也會下沉。

A 新鮮咖啡豆　　B 放過久

咖啡粉新鮮程度表現視態

八十五℃的迷思

別再說水要幾度了，永遠不可能。

書上經常討論茶與咖啡的沖煮水溫，最理想的溫度約為八十五℃。可是八十五℃是指哪一個位置的水溫？A點？B點？還是C點？

A點，若是水煮到八十五℃以上，離火後就會降溫，還是八十五℃嗎？

B點，若是把水煮到八十五℃以上，再倒入沖煮點，能夠一直保持八十五℃嗎？還是沖煮完成後的成品平均溫度在八十五℃呢？那A的煮水過程一定超過九十二℃以上。

提升你的經驗值，不一定要被數字綁住。

以經驗值來說，高溫沖煮與低溫沖煮的差異，光以萃出速度來說，高溫沖煮相對快，通常粉粒也

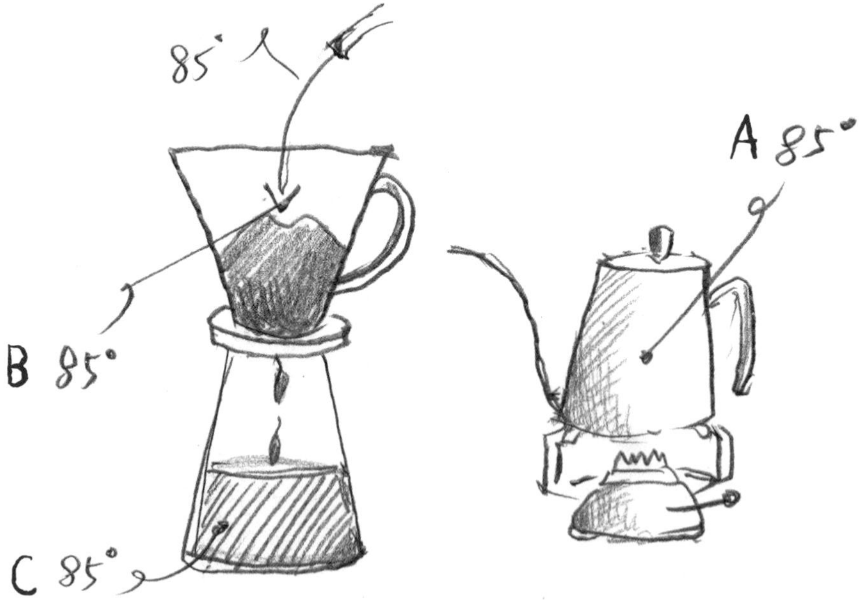

導水性強，流速快

阻水性強，流速慢

較粗，導水性強，快速，以香氣為主。低溫沖煮相對較細，阻水性強，慢速，以厚實為主，這是基本沖煮的概念，甚至可以多重選擇沖煮的水粉比例。

這兩年很多玩手沖的朋友不再用固定的咖啡克數沖煮，粉量可能多、可能少，如八比一、十比一、十二比一、十四比一、十五比一，甚至三〇〇比一……就是玩，脫離了過去的思維。

當然，這也是因為多樣化的咖啡生豆風味表現各有不同，咖啡豆的烘焙和密度同樣大有差異，不同的沖煮及水粉比例，自由了許多。過去說的定溫定量定速，在沖煮過程中確實僅僅只是依據。

溫度水態與溫度預測

「迷失的八十五℃」是個經常被詢問的題目，每一次回答其實都很困難——雖然很容易理解，但不是每一個人都能理解。所以沒有關係，想怎麼沖就沖，不要再被數字定住，這是必須結合經驗與技術的嘗試。

多多輕鬆地喝精品咖啡，了解各式水粉比例，就很容易表現出風味的明亮度、乾潔度、飽滿厚實度。

多多了解沖煮過程，你沖煮的咖啡與世界冠軍沖煮的，毫不遜色。

不同的咖啡風味，當然有不同的變數及沖煮方式，想了解箇中多重變數，就是之前提過的交叉比對與個人喜好。但只限於生活性，然後才能進入商業性。

水溫同樣是調整的準則，溫度可以表現不同的萃出率與溶解力，這是熱力的解放準則。有些咖啡豆適合不同的溫度，這就是解出的魅力、魔法，不妨試試。

此外，不同的水質，也是造成風味差異的最大關鍵。

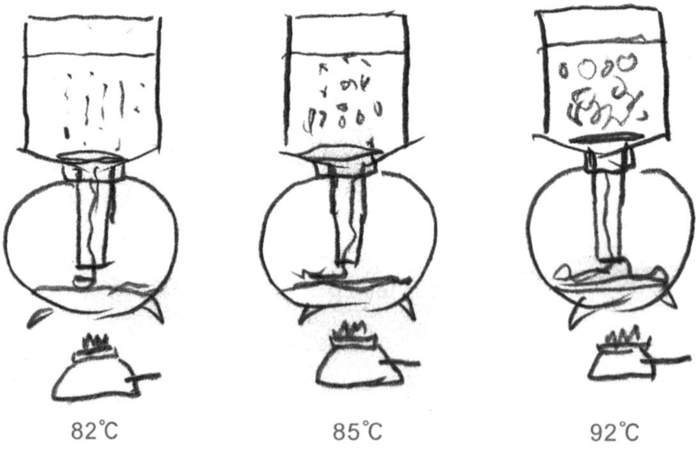

82～85℃低溫水態
壺內水珠氣泡

90℃中溫水態
壺內珠粒變大、快

98℃高溫水態
壺內珠粒大、狂亂

下壺的水加熱以後，無水面波紋或動態，這時千萬要小心，這是水突沸的前奏。

從悖論到攪拌

攪拌與擠壓

沖煮咖啡時，水占九十八%以上，水質的重要性之外，攪拌過程中還會產生水的動態變化。

攪拌可以使水分子更加活躍，增加水與咖啡的均質性，與咖啡產生溶質的分散，而這並不會改變水的分子組成。

整個物理過程中，水可能產生聚合降解的作用。當水在虹吸壺上壺時，攪拌水，其實可以觀察冷水加熱至熱水時所發生的微觀動態變化。攪拌可以介入額外的動態，加速或緩和萃取。

這些變化同樣導致了咖啡在沖煮時的傳質。煮虹吸壺時並不是任意攪拌。尤其沖煮咖啡，不是要提高水裡的氧溶解性，因為在攪拌的過程中，咖啡粉與水分子，甚至水中的氧或氫，相互之間的作用會增加。攪拌得宜，對於萃取會有很大的認知收穫。

愛因斯坦的悖論

咖啡與茶在沖煮過程中產生的物理現象，科學家愛因斯坦一九二六年為此寫過一篇論文，如今有很多人應用在沖煮咖啡上，但並不清楚它的作用，導致在沖煮咖啡的過程中隨意攪動。

我們喝咖啡、沖咖啡時會觀察到以下這種違反直覺的現象：用攪拌棒攪動上壺內的水，無論是浮在或沉在水中的茶或咖啡粉，不僅沒有被離心力甩到壺壁上，反而聚集在中心位置。

愛因斯坦同樣觀察到了這個現象。而我們也在求學時期了解，旋轉不見得會產生強大的離心力。過往沖煮虹吸咖啡，以為是靠離心力在萃取，可能是錯誤的認知。

一九二六年愛因斯坦發現，攪動一杯茶或咖啡，靜置，觀察杯底、杯中的茶葉或咖啡，將形成小山丘的形狀，並不會因為離心力，把茶或咖啡粉甩到杯底邊緣，反而會集中在杯底中間。

愛因斯坦研究後發現，這是因為杯中的水被攪動後不僅發生了人人一眼就能看到圓形的流動，水面之下還藏著一股因為漩渦的水位差而形成壓力梯度所產生的環流，這股環流加上杯子的底部對咖啡或茶的摩擦力生出了快速的萃取，因此我們攪動液體之後，底部的粉體會反直覺地向中心聚攏。

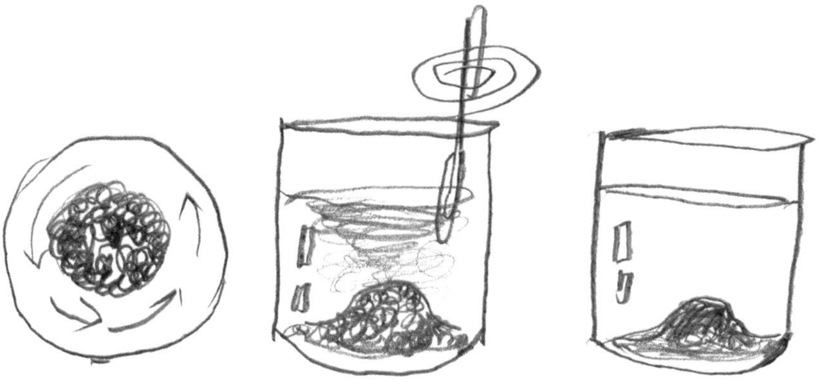

虹吸的攪拌棒運用

物理原則

在沖煮擠壓時，硬物對硬物施力會產生一種應用力，這種應用力會與沖煮時的咖啡粉反應，變成正比。就像咖啡粉被擠壓後的物質抵抗力，一旦擠壓方式不同，咖啡粉（粒狀）其實也會變形，內物質與外物質（水）產生交換。這也是咖啡粉被擠壓過程的反抗力，而咖啡的濃淡與咖啡的層次，就是反抗效應所產生的。

這種咖啡傳質的法則告訴我們，沖煮咖啡時，力度的運用與槳面的大小軟硬，會讓虹吸咖啡產生很大的口感差別，這個概念很簡單，並不是在壺內胡亂攪動。

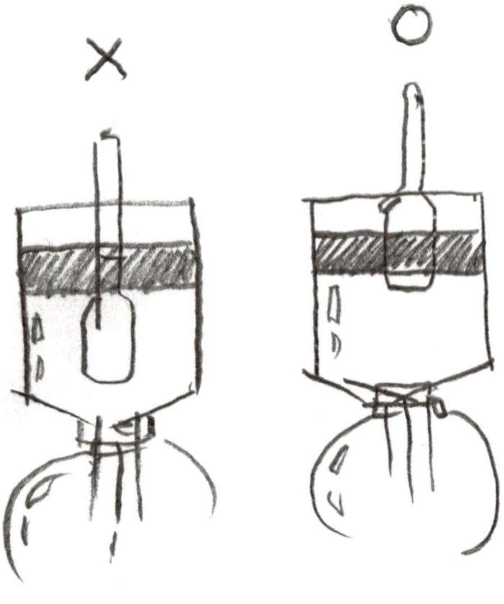

了解這個道理後，是不是就懂得如何選擇不同的攪拌棒了呢？

這層道理發想自伯努利定律。想要有好的萃取方式，這是很好的方法，既能改善或加強沖煮時的技巧，也能了解擠壓時可重可輕。

攪拌棒的正確物理實驗

作用力、應用力、抵抗力、連續力萃取多少，這些作用在沖煮虹吸咖啡上，也可以實踐煮不同的咖啡，可以運用不同的方式做為萃取的手段。

在沖煮時，作用力的執行可以透過不同大小或軟硬的攪拌棒，擠壓方向可以是前、後、左、右的擠壓，或摩擦。作用點可見圖示。作用點是作用力的具體位置，如左圖。

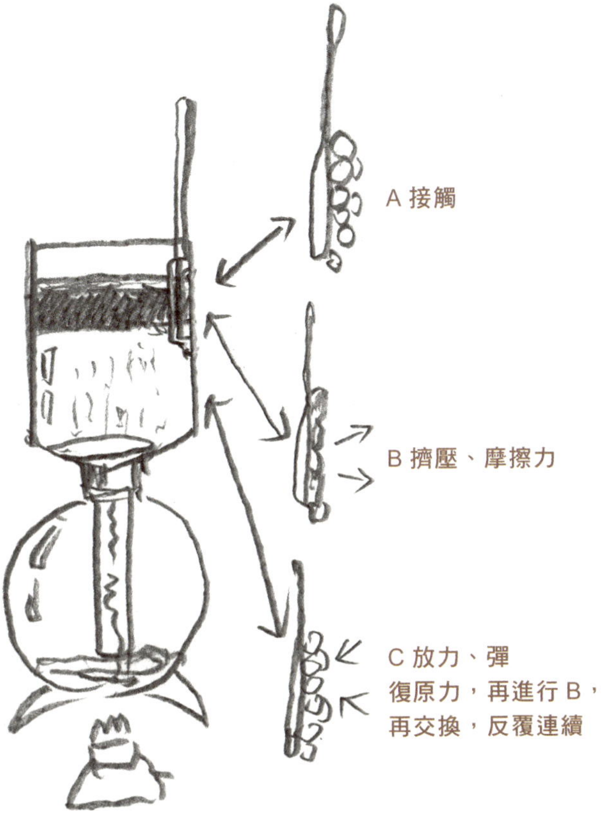

壓力決定了萃取率

以前頁圖中的A和B來說，當咖啡被攪拌棒阻擋時，作用力就會產生連續的摩擦力，這也是咖啡與棒子所產生的交換運動，傳動咖啡的質量。

C則是當咖啡粒被擠壓後，回覆後，這是一種復原力，這時的咖啡粒又可以再一次被擠壓或滑動，再產生交換、傳質，也是我們所說的萃取。

虹吸的漿面運作

沖煮虹吸咖啡時，不同的漿面在萃取上有不同的效應，可以快速萃取、強迫萃取、應溫慢速萃取，利用不用的漿面大小來獲取不同的咖啡風韻。《精品咖啡不浪漫》一一九頁已有部分論述，這裡再加強一些概念，使其更加完整。

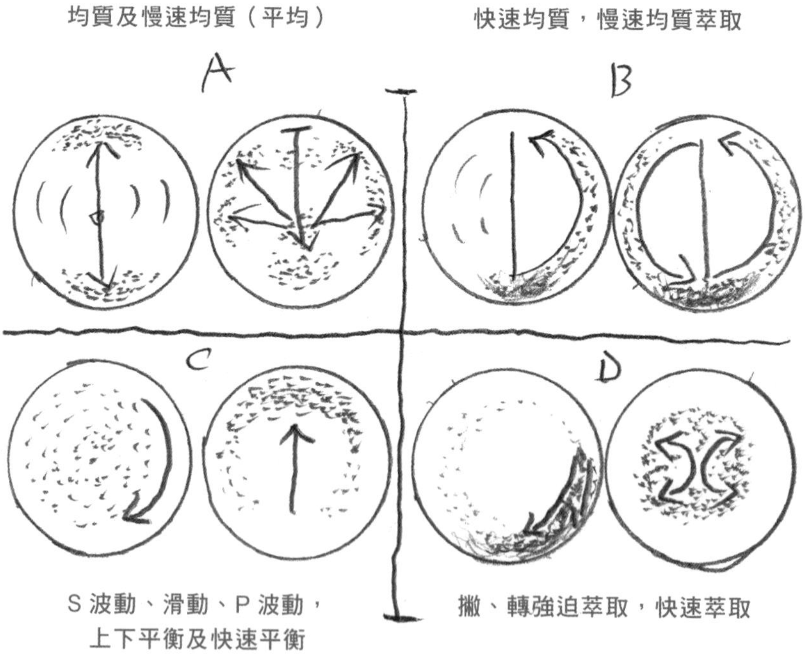

多點的圖示是摩擦力作用點

虹吸基本操作

攪拌力度的運用可以煮出六種不同的口感（條件一致、作用力不同）。

這是咖啡師的單人測試，能得知咖啡師想要的風韻，便能依照消費者希望的風味改變沖煮方式，同一支豆煮出不同的風韻。

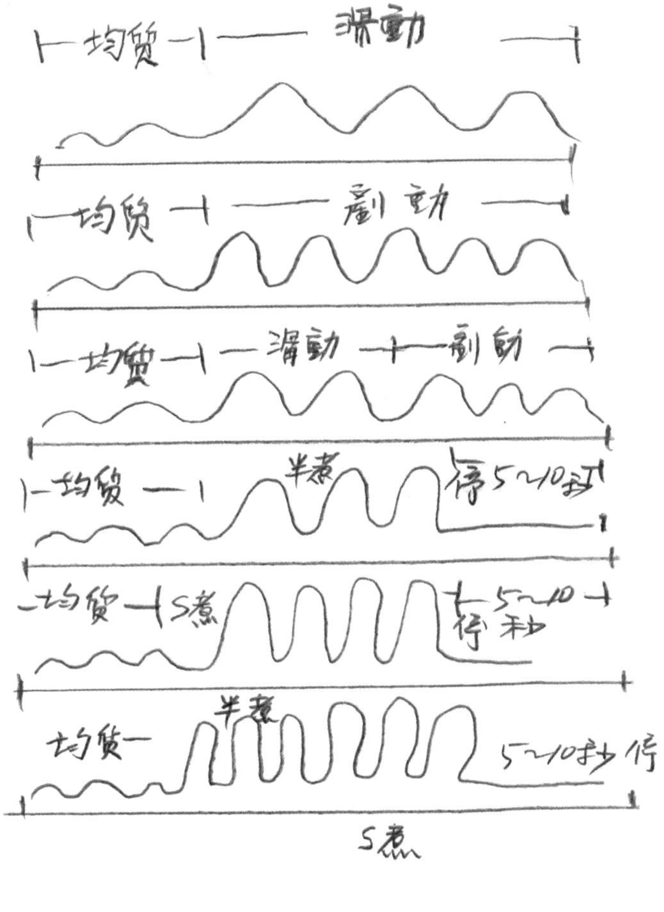

力道頻率將決定濃度

操作虹吸力道的頻率，決定了前、中、後的解出濃度。

以A、B、C、D為範例。

A以衣索比亞，科洽雷，水洗，以花果調為主，香草為副時，我個人的操作力道選擇是前後壓力式操作，中後平順攪動，快速萃取，得到的經驗值完全可以表現前後風味，酸香度迷人。

若是用同一支咖啡豆，做不同的力頻、攪動，會不會產生差異？

B的力頻擺在中段施力，前後做均質擺動，不施壓，讓作用力放最小，中段加強棒子接觸咖啡粉的抵抗力，尾段輕擺，表現出來的風味與A對比後，酸感減少，甜度拉高，厚度也隨之增加，但花香少了很多。

C前段中段都以輕柔的方式擺動，後段動作加大，沖煮後，靜置，悶煮。如此的甜度與苦感加大，冷卻後甚至帶有水感。

第二次測試厚度加強了，但還是帶有尾韻的苦感，以淺焙咖啡（衣索比亞）來說，不太合適如此沖煮，測試瓜地馬拉花神反而令人滿意。

D是最常犯的錯誤，在沖煮過程中全程施力，不分段落，暴力沖煮，很難有好的作品。其口感表現非常複雜，口感也粗糙，若找到了合適的咖啡豆，如祕魯、盧安達，風味表現反而能沖出地區風味。

以上種種現象，完全定乎著，物理可以改變物質的形態。

沖煮咖啡時，所有形態的呈現在不同階段都會有不同的呈現，也可以證明沖煮咖啡的熱化學，萃出率能夠改變物與質的關係、結構，由此證明加熱的溫度、攪拌方式與作用力所產生不同的口感。換言之，懂得這兩種基本概念，咖啡沖煮一定會有所精進。

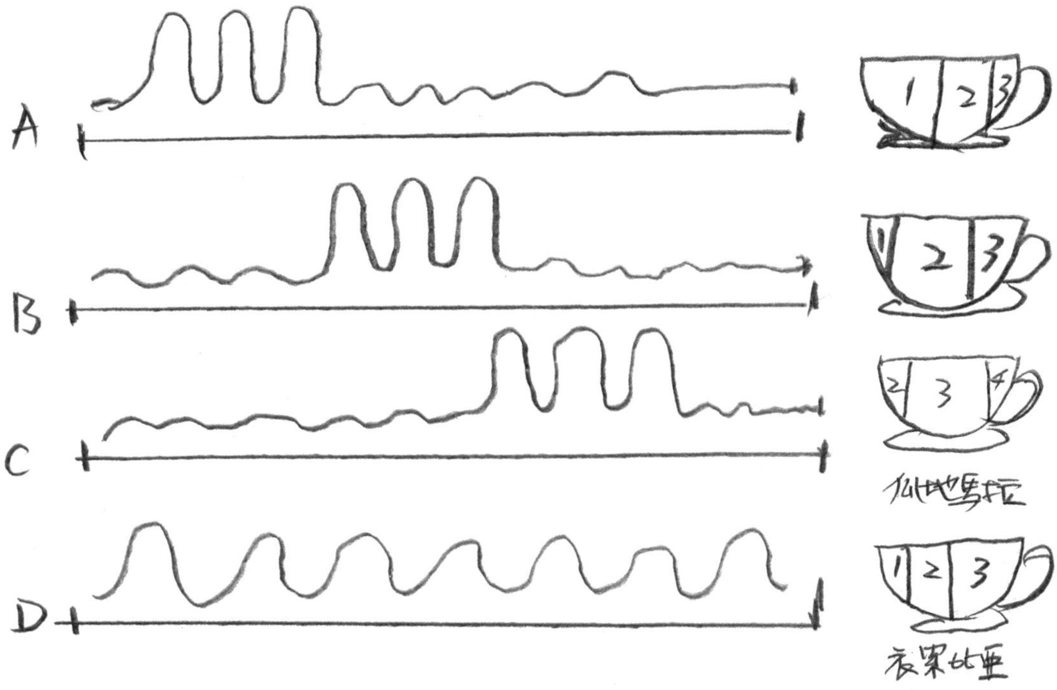

1 = 花香
2 = 果香
3 = 香草
4 = 堅果

咖啡好不好，可以用看的？

馬倫戈尼效應

馬倫戈尼效應在咖啡上的表現，是指流體、液體，因表面張力造成的傳質現象。

兩種液體接觸時，表面張力強的液體會將表面張力弱的液體拉過來，液體表面弱的會往強的靠，如同香氣濃度高的會往濃度低的去是同樣道理、一樣概念。弱的往強的地方走是指液體的融合，融合後，氣再往弱的地方走（濃度高的氣息往低濃度的方向擴散）。

這也是濃度高往低處擴散的前置效應與應用。這是一種過程，是咖啡除了烘焙時的熱反應（梅納、庶化、焦化、碳化），發生在任何形式的沖煮咖啡，利用水的溫度，完成不同濃度、香度的集結，然後擴散。

傳質效應（引吸質量）

接下來是我沖煮虹吸壺時，長時間觀察得到的一些類似馬倫戈尼效應在傳質上的表現，以測試同一款咖啡使用不同的烘焙所產生的結果與表現的視態。

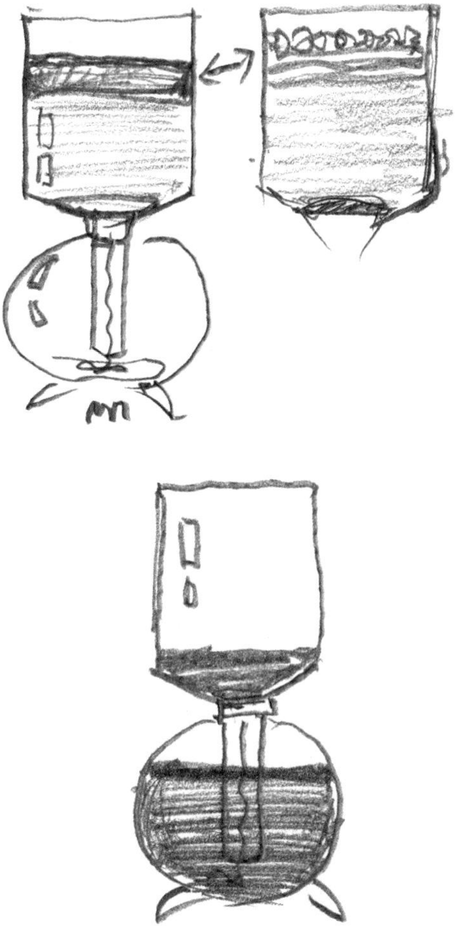

虹吸

手沖

義式 Expresso

咖啡好不好可以用看的嗎？《精品咖啡不浪漫》八十七頁裡，針對下壺的表現泡沫觀察，敘述了如何觀察下壺液態與口感。

A圖、B圖、C圖和D圖以衣索比亞水風鈴測試淺焙。

依據過往經驗，沖煮虹吸壺時呈現A圖視態，咖啡淡雅清香、優美，喜歡淡雅的客人最為理想。咖啡豆以淺烘焙為主者，大部分表現的視態應該如此。

若沖煮咖啡時呈現B圖視態，咖啡香氣四溢、口感滿足，以果香類居多。咖啡豆是以淺中烘焙者，視態也該如此表現。

假如沖煮上壺呈現C圖視態，呈現的視態達三層之多，上段淺色多於下兩層時，咖啡表現是濃度較高，脂肪質地，大分子也較粗，厚實香氣飽滿，香氣卻較為隱蔽。隨時間長短、厚度、表現，非常完美，風味絕對以果香、堅果為主要調性。烘焙程度為中淺以上的視態表現，都應如此。

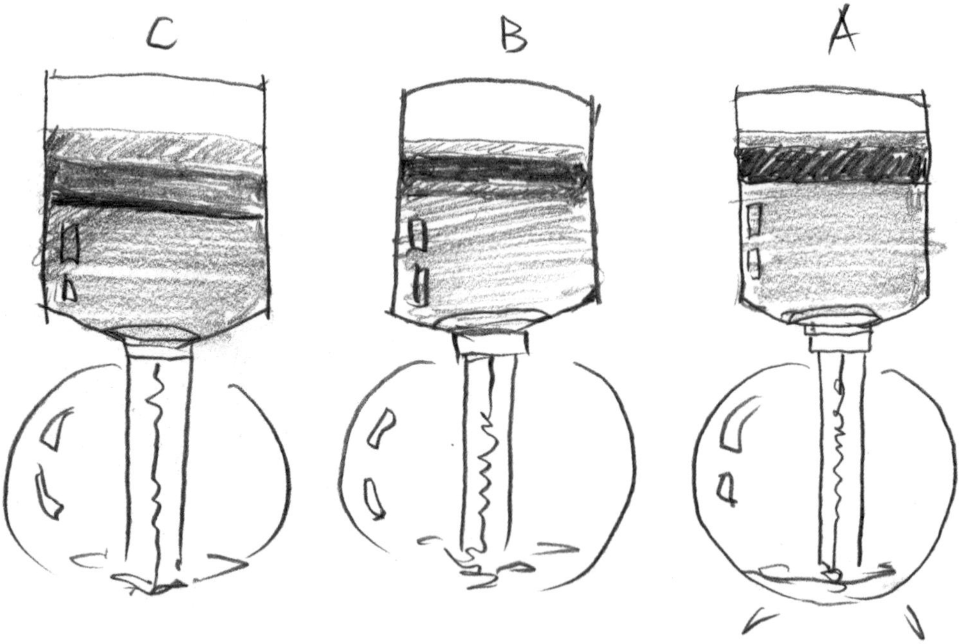

D圖視態的上壺表現則有兩種。

第一種是無論是何種咖啡，一定是沖煮過久，所有咖啡粉體全部下沉，口感粗糙，四大原味萃取過度。這種測試最容易完成，用任何一種豆子結果都近乎相同。

第二種是不新鮮的咖啡豆，超過三、四個月以上的豆子，就是如此，因為不新鮮，不多做贅言。

ABC三圖是以衣索比亞水風鈴的咖啡豆做不同的烘焙所做出來的測試，也是經過長時間疊遞，重複沖煮得來的經驗值。換言之，咖啡喝入口之前，在沖煮時，就可以觀察。我看自己、看咖啡師、看學生沖煮，基本上可以預知風味表現。

教學超過二十五年，我看了二十五年的視態經驗，更多這方面的論述，可以參考《精品咖啡不浪漫》八十八頁的下壺視態表現。

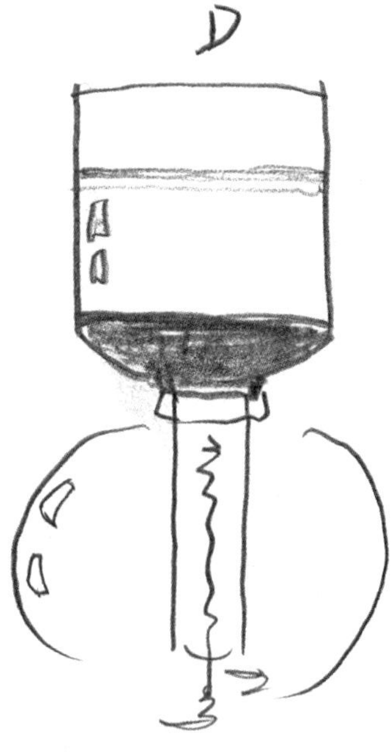

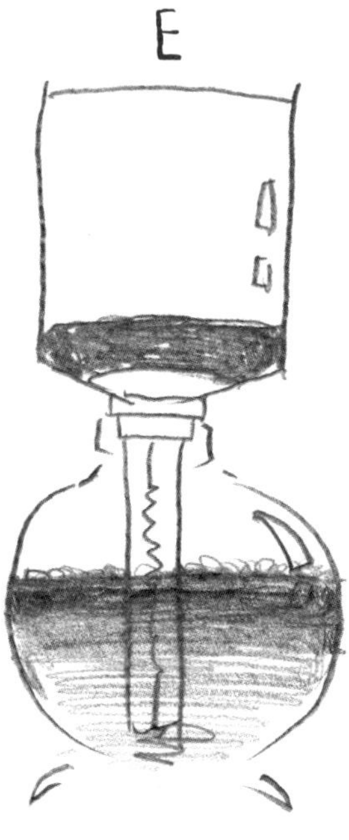

虹吸實測舉例

測試豆衣索比亞水風鈴。
單板，前後擺動，水樣為P震動。
萃取穩定，風味溫柔香氣足，配合不同技法，
沖煮如表格紀錄。

學員填寫

日期：

地點：

咖啡名稱：

預期風味：

刀盤：**平刀** 鬼齒

克數：24 刻度：4

溫度：**高** 中 低

離火次數：2

布的濃度：

技法：順序X次數

直波		划	
扇波		鏟	4
半煮	3	撒	
S煮	1	轉	

評審填寫

Aroma	濕香：	①	②	③	**④**	⑤
Acidity	酸味：	①	**②**	③	④	⑤
Sweetness	甜味：	①	②	**③**	④	⑤
Body	醇厚：	①	②	**③**	④	⑤
Balance	平衡：	①	②	**③**	④	⑤
Flavor	風味展現度：	①	②	③	**④**	⑤
Aftertaste	餘韻：	①	②	**③**	④	⑤
	總分：					

評語：

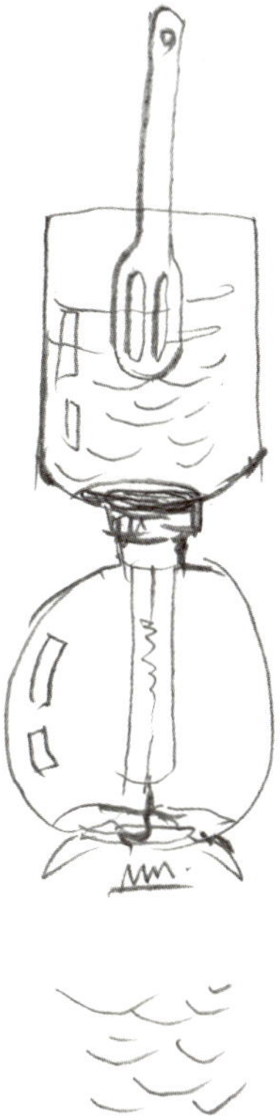

測試豆衣索比亞水風鈴。

單板雙槽，前後擺動，水樣為多重P震動。萃取快速，操作時間太長容易萃取過度，正常操作及配合不同技法混合使用，口感飽足扎實，香氣較濃，口感厚實。

學員填寫

日期：

地點：

咖啡名稱：

預期風味：

刀盤：**平刀** 鬼齒

克數：24　刻度：4

溫度：高 中 低

離火次數：2

布的濕度：

技法：順序X次數

直波

扇波

半煮 3

S煮 1

划

鏟 4

撇

轉

評審填寫

		1	2	3	4	5
Aroma	濕香：	①	②	**③**	④	⑤
Acidity	酸味：	①	**②**	③	④	⑤
Sweetness	甜味：	①	②	**③**	④	⑤
Body	醇厚：	①	②	③	**④**	⑤
Balance	平衡：	①	②	**③**	④	⑤
Flavor	風味展現度：	①	②	③	**④**	⑤
Aftertaste	餘韻：	①	②	③	**④**	⑤

總分：

評語：

常見氣體與咖啡萃取的關係

常見的氣體與咖啡萃取是否有很大的關係？

常見氣體如氫、氧、碳、氮，在水中的表現與溶解度，會因為各自的化學性質而有萃取上的差異。

氫氣（H_2）是相對安定，不能溶於水的氣體。根據資料，在室溫和標準壓力下，每公升水能溶解〇．〇一八公克的氫氣，因此可以斷定，氫氣在水中是不能溶或微溶狀態。

相較於氫，氧氣（O_2）在水中的溶解高出許多，但仍然有限。若以正常室溫來說，取決於水溫和壓力，可解出八至十毫克的氧氣。也就是說，沖煮咖啡時，水溫高，氧溶於空氣中更多，水中的氧也慢慢耗盡，風味表現上相對來說就差很多，所以久煮的水不適合用於沖煮咖啡或茶。

二氧化碳（CO_2）在水中的溶解度相當高，二氧化碳溶解於水中時會與水反應，成為碳酸（H_2CO_2），也就是飲料中的氣泡成因。每公升水可溶解一．四五公克的二氧化碳，換句話說，沖煮咖啡時二氧化碳過多，會放大所有的萃取內容，口感粗糙，不討喜。不妨做個小實驗，拿氣泡水煮咖啡，看看口感如何，破除一些沖煮的魔咒。

氮氣（N_2）在水中的表現與氫一樣，溶解度相對低，室溫狀態來說，每公升水只能溶解〇．〇一五公克的氮氣。由於溶解度低，在水中同樣呈現溶解或微溶解。

目前的咖啡市場有所謂的氮氣咖啡。以科學來說，氮氣屬於惰性氣體，並不能溶於水中，無法增加風味，但以咖啡豆來說，生成熟豆卻可以保持鮮度，我想這也才是正確的認知，而非外傳的氮氣咖啡好好喝這一類誤解。

氮氣咖啡的製作步驟

1. 沖好的咖啡，用氮氣發泡。
2. 發泡後，氮氣不能溶於水中，但可以隱藏在發起的泡泡內。氮氣為惰性氣體，濃密感重，只限於口感差異，無助於風味展現。

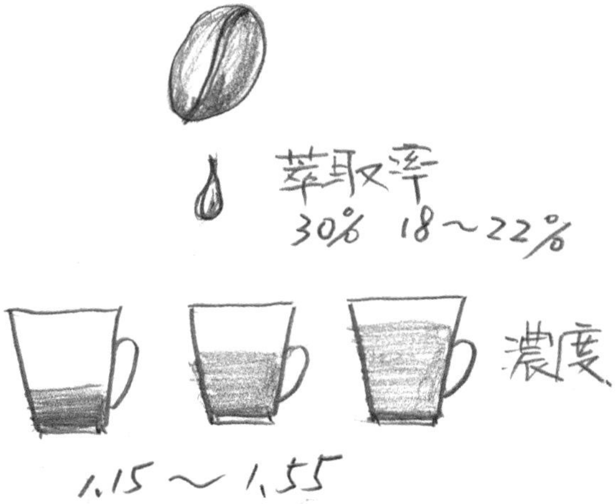

馬倫戈尼與瑞立—貝納德對流

馬倫戈尼與瑞立—貝納德對流在咖啡上相對應。

馬倫戈尼是液體表面張力的拉動，因為表面上不平衡而產生表面張力，尤其是兩種不同的液體層接觸時，更會引起拉力流動。

溫度及順序不同時所產生的結果，以冰咖啡為實驗簡圖。

加冰　加冰、水

瑞立—貝納德對流是指自然對流，這類對流常常發生在從底部加熱的流體表面上，好比加熱牛奶並稍微降溫後，牛奶表面產生的薄膜，或是豆漿那一層豆皮。這是位於底部的液體因為受熱所以產生了不同的密度，在其上浮過程中自然形成的狀態。

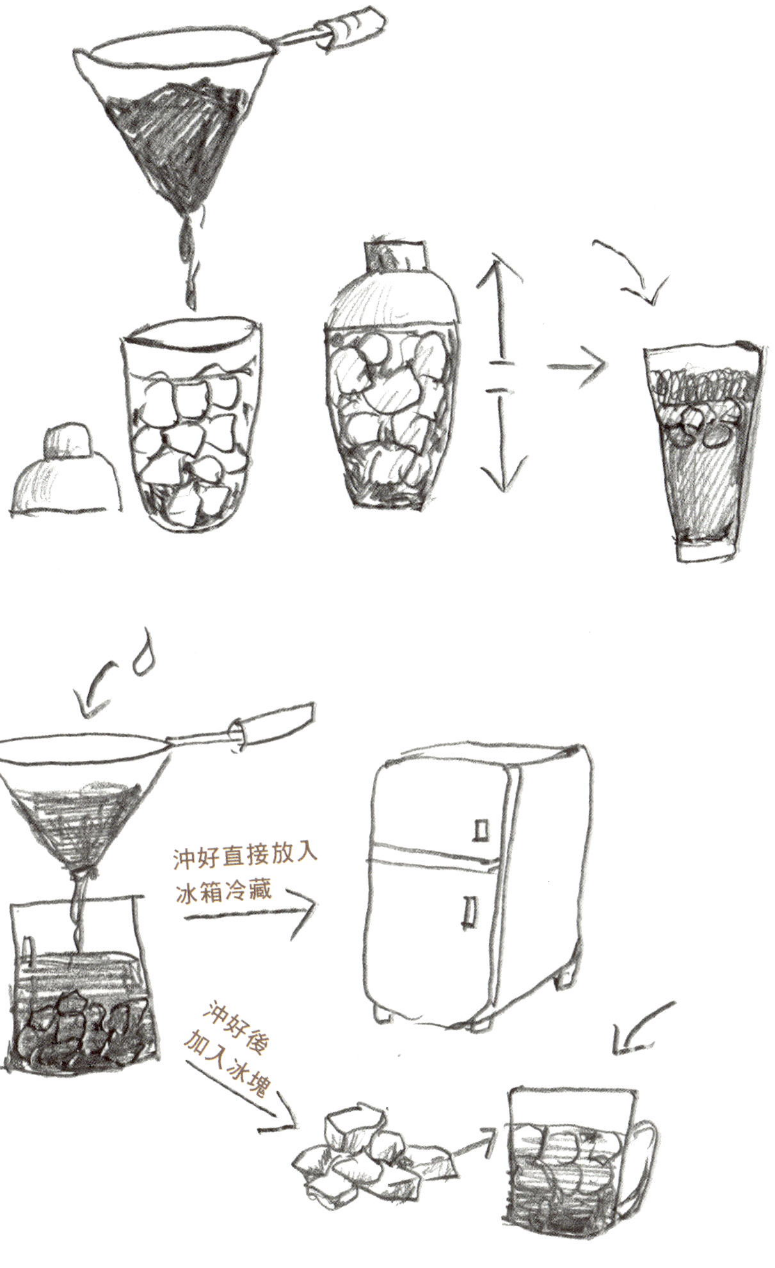

冰咖啡的製作過程不同，風味和口感也為之不同。

杯子是一種魔法

一個杯子若裝了水，就只是水杯嗎？

那是不是說，一個杯子裝了酒就變成酒杯，裝了茶就是茶杯，只有什麼都不裝，才是原來的樣子？才是杯子本身？

飲食文化中，餐具和杯子占了相當大的角色。各式不同的杯子，應該都有各自的故事。有些人歸類在品牌上建立用途概念，進而分別不同的用途，就連形狀都開始區隔，進而演變成使用不同材質或形狀的杯子成了一種禮節、一種文化、一種專門的學問。

精品咖啡師應該重視用杯子的環節，增加做飲食文化用途，我一直認為這是一種禮節。

咖啡杯的美感與咖啡師的藝術高度有關。

懂得使用杯組與隨意使用杯組的箇中差別，是一個極富啟發性的主題。不同飲品，不同杯組，全都是咖啡杯的表現。

美感體現於外觀、形狀與色澤，是直接接觸唇舌上的感受，就如同《太初有茶》作者龔于堯老師對我說過，好的杯子如同親吻，我笑一笑，偷偷感受過不同杯子在唇上的表現。透過感官體驗，真的可以直接感受到那一份滋味提升了咖啡在藝術精神上的價值，更多的體現則關係到咖啡師使用咖啡杯的獨特。

杯子的形狀和功能能夠深刻地影響飲品的風格、香氣和口感。別把杯子當成只是容器，杯子不僅是容器，更是飲用文化中重要品味的一大部分。

咖啡師、消費者與個人喜好非常重要。

杯子的形狀功能與材質是個令我著迷的話題，反映了每一個時代的不同，以及對於飲食文化的深厚理解和故事性。

好比使用古典杯組，不僅僅是喝一杯咖啡，更不是一杯飲料。古典杯組帶有濃濃的復古氣息、精緻的燒製成就了溫潤的質地，能讓品飲咖啡者沉浸在舊藝術時代的優雅氛圍中，也彷彿走進了一場十九世紀的穿越派對。

捧著杯子可以優雅地飲用、聊天、閱讀，並為朋友們斟上各大產地不同風味的咖啡，最重要的是，喝咖啡的節奏會不自覺地慢下來，因為這杯咖啡告訴我們「嘿，生活不用急，享受這一刻」。

相對的，這種情懷也是對於昔日咖啡杯組手工藝、咖啡杯上每一道手繪線條的的致敬。與現代杯組相較，我覺得古典咖啡杯讓咖啡變得更有靈魂，喝的不僅是咖啡，更多了一份細膩浪漫，彷彿日常生活被加持了些許儀式感，讓喜歡精品咖啡的朋友能夠細細品味。

古典咖啡杯的歷史可以追溯到咖啡文化在歐洲普及與被宮廷皇室貴族廣泛應用的年代，其設計、材質、風格與用途都反映著當下的時代，甚至是社會階級地位，以及文化交流的審美和趣味、不同家族的專屬家族標章。

飲用咖啡與使用咖啡的源起應是阿拉伯地區，隨著陶瓷或金屬杯的飲用習慣於十七世紀導入歐洲，歐洲的瓷器工業不斷提升，英國皇家瓷器WEDGWOOD、德國梅森瓷器MEISSEN的高品質骨瓷咖啡杯成了貴族與現代玩家的收藏品。

骨瓷咖啡杯盛行時，設計方向大致洛可可風格，建築物及家飾品等……展現就是以浪漫和華麗為主的浪漫法國。英國則有別於法式浪漫，追求輕薄透光，多以花卉佐以金邊來象徵高貴典雅。

就連咖啡文化的興起，藝術之都維也納也與藝術家結合所有設計風格又與英法不同，巴洛克風及新古典主義，風格交替設計，甚至用不同的形狀來區別讓客人能夠透過設計辨別風味，結合了新藝術與舊藝術的衝突美。

論及英法奧地利使用的杯子，龔于堯老師說出了土耳其，奧斯曼帝國的咖啡杯，華麗到令人咋舌，杯外金銀手工製的雕花托盤，甚至還有珠寶鑲嵌，不是只有喝咖啡而已，更像是舉辦一場奢華的儀式，說到土耳其，除了華麗的杯組，也是亞洲通往歐洲最重要的樞紐，自然而然的把華麗古典奢華帶往歐洲。

總體來說，古典咖啡杯不僅僅是容器，還是歷史藝術和文化交融的見證，承載著每一段的咖啡時代故事，以及對生活品味美學的追求。

我希望我的學生與朋友都能有一對古典咖啡杯，使用時真正感受到它低聲講述著某一段精彩的故事。

咖啡杯的使用屬性

咖啡杯的使用屬性是飲食文化上的體現，或是一段故事。

咖啡杯有不同形式，裝著不同種類的咖啡。寬大的杯口容易使咖啡香氣上揚，較深的杯子有助於保持溫度與香氣。

我一直覺得，杯子的形狀與用途是功能的一大部分，深深影響著味覺、香氣、口感。杯子不僅是容器，使用對的杯子，能享受更多層次與咖啡的樂趣。

同一款蛋糕價格差異巨大的道理，也對應在咖啡上。消費者的認知如品質、原物料、品牌和市場競爭之所以不同，絕對綜合了所有的作用。

銷售過程是一個多面的概念，所有的商品，以

咖啡與蛋糕為例，價格差異大，絕對是商業魔力。

咖啡就是個例子，有人賣八十元或一百八十元，這當然涉及各種原因，是價格與市場的力量以及消費者選擇的結果，有人願意支付更高的價格，更多的錢，因為認為值得。

精品咖啡做了哪些事讓人覺得值得，正是我在《精品咖啡不浪漫》特別提及的，只是想說精品咖啡該有更多層次、多樣性的綜合作用。當然，店家各有不同的策略，以滿足消費者的需求。

口腔內的表現與如何提升感官

品嘗咖啡、美食，我們可以用很多豐富的詞彙來形容享用時的感受，比如咖啡常用的：滑順的、濃郁的、厚實的、清香的、溫柔地或柔和的。但是咖啡的風味並非只有這類形容，咖啡師熟悉的風味輪，從淺焙到重焙，包括了很多相似的風味及口感，如花、果、草、堅果、焦糖、巧克力……

這些是否能在我們口中展開，飲用時是否帶來了更多風味層次的表現，是一種自我的味覺體驗。一如吃入口中的美食，風味之外，味道有酸甜鹹苦辣，口感則可能硬硬的、鬆鬆的、軟軟的、滑滑的。這些口感也能與味蕾產生共鳴。

過去在日式料理經驗讓我有一套自己的訓練法則，跟大家分享。

慢慢品味——每一次，每一口，都必須細細品味，讓食材和飲品在口中停留，試著捕捉不同的層次、變化。

聞香辨味——先將食材或咖啡舉到鼻前，嗅覺能幫助我們預測味道，這動作可以增強嗅覺與味覺體驗。

喝水中和——品嘗不同風味的咖啡時，喝一些溫度低的水除了可以收斂味蕾，也可以清潔味蕾，準備重新體驗新的風味。

配對美食糕點——嘗試搭配不同的糕點、點心與咖啡，看看是否能創造出更豐富的味覺體驗。

專注注意力——集中注意力，環境干擾不適合提升專注力，尤其是咖啡風味的質地展現，更要排除大、小環境的干擾。

品味咖啡在口腔內的表現，加上感受，是一個非常獨特的領域。試想，當我們喝下一口咖啡，數以萬計的味蕾如同一支交響樂隊，每一口都是即興演出，咖啡的濃郁香氣在口腔內翩然躍動，是驚豔絕倫的魔幻之旅。

在藝術層面，提升感官讓每個味蕾細胞都參與其中，自身個體就如同指揮，讓口中的咖啡液交織和諧的感受，創造與味覺的對話。這並非說故事，與味蕾對話，甚至可以詢問它們對咖啡的感受，就如同我作畫時和自己的心裡討論一樣。

挑戰味蕾的極限，嘗試不同的風味組合，反覆嘗試果香、花香不同的調性咖啡，再拉大跨幅，同樣測試中深烘焙，挑戰極限味蕾，這樣才能找出隱藏的層次。

用心感受每一口咖啡液在口中的變化，檢視是否感受到多層次的表現，一段時間後，斷定風味和層次就會變得容易了。

這是不錯的訓練，但很容易過量，這也是無法避免的。

咖啡的香味

傳說中的（里約味）尿騷味、潮溼受到污染的土味（而非清新的土味）、強烈的蔬菜味、衰敗的酸味（發酵過度）……

咖啡除了四大原味外，所有的綜合嗅覺、味覺，都必須靠我們的味覺與嗅覺神經辨識這種雙重的感官，這也是咖啡師的必備知識及技能。

苦澀只會表現在味覺上，不會表現在嗅覺上，但聞到了很重的巧克力味或是青草味，這杯咖啡很有可能又苦又澀。這就是利用嗅覺並以相識的風味認知咖啡，也是許多堂課都會聊到風味與嗅覺觀感的原因，目的是能讓人人都有機會做評比或評審。

對於滋味的分辨，用目視、嗅、口，基本上都要有辨識的能力（低分子、中分子、高分子），從高溫到低溫做評鑑，比如乾香如何、溼香如何，再了解韻味、碳質屬性、厚度、酸度，最重要是咖啡的一致性，乾淨度也是評比的最高原則。

比賽項目「香味」，是以不同品種該有的風味表現而訂定的，不是只判定香與不香。

香味是最基本的定義，卻不是定論，每個品種表現不一，才能如此論述。當然，屬性相當重要，包含什麼豆子、什麼烘焙機完成的條件，「無定論，有定義」。

這連帶說明了味譜的產生。與風味輪或豆商報價單上說明的味譜比對，同樣是重要的評分，但標準很難訂定。

酸味與甜味，在酸質的表現上，以明顯與不明顯做為高溫與低溫的表現。香氣同樣有層次上的表現。我一直認為，咖啡的香氣表現比茶和酒更廣大。

以咖啡豆的產區而言，酸味表現與甜度表現截然不同。就咖啡的屬性來說，非洲豆的表現與中南美洲、亞洲表現有相當大的差異，請參照《精品咖啡侍豆師》一〇二頁。

首先了解品種屬性、三大產豆洲，特性、特質、酸質感可以撐起咖啡的質地，甜度在乾香就嗅得到，飲用上也是從高溫到低溫及口感，都非常明顯，也最容易斷定。

有些人嗅覺不太敏感，卻可以非常明確斷定甜不甜。給分時走向甜的標準不難，也是最相似的給分。甜度高時，厚實感也會增加。關於厚實感，一如茶，喝茶的時候，茶在口中的包覆性與喉韻感，就可以是生津的回韻。這絕對是咖啡在口內與喉韻中造成接觸的感受。

平衡感是什麼？指的是負面風味太多，如太酸、太苦、太澀、雜味等。我認為在酸甜或苦上，能煮出均衡與太香、太甜、太好喝的咖啡，並不在此列中。「平衡」是評分中最基本也是給分最容易有差距的，我認為個人咖啡評比與比賽評比不同，尤其後者在平衡感上要有一些先行討論的空間，找出評審們的共同語言，分數就不難給。

個別瑕疵豆的風味，你認知多少才重要。以上所說是很積極的作法，負面的瑕疵風味向來都是很消極的，有些是品種發酵、烘焙所造成不同層面的瑕疵風味，要認定是哪一個環節造成的負面風味，初學者可以先認識風味輪上的另一個圖樣，有外部內部的汙染或是缺憾，此處不多說，請參考SCAA的風味輪表述。

風味的產生一定是自然的、加工的、反覆氧化的。這是礙口產生的最大因素，也是成為評鑑師該具備的最優質條件，沖煮時要看得懂、聽得懂、喝得懂，能辨識、能細品聞香。

咖啡香氣的主動與被動

感受咖啡真實的香氣其實並非刻意去感受，刻意反而感受不到真正的香，飄動的香才是具有細緻感的真香。濃度高的區域一定是往低濃度的方向飄動或流動，也是我們對於咖啡期待效應中最有成就感的一環。

那麼，為什麼你聞不到咖啡沖煮後那些細緻的味道呢？

可能因為你不知道如何讓頭腦安靜下來，轉而觸動口內味覺神經。如何觸發，感受，靜得下來，這是一種常態訓練的能力。靜下來是觸動味覺的第一步。

有兩種方式提升自己的味覺與嗅覺，有人因環境，有人因自身能力、主動、思考。以耶加雪夫來說，你必須有過往的飲用經歷、熟悉的風味多了什麼或少了什麼？對各種食材、花材及很多的異味……自身的味覺資料庫，以及對於風味的比對能力，都是主動的思考，去尋找比對後的答案。

另一種則是完全不用思考，只是含糊的記憶或曾經的經驗值認定，說的是你看到的而不是聞到或喝到的。

對於品味咖啡的濃醇香，你開啟的念頭是什麼？我們都知道那可能來自資訊或風味在腦中的比對庫，評論中有很多的莫名其妙，甚至不知名的自我對話。當然，有些正確，有些只是個人的味覺觀感，但這些思維與你說出來的，就會一個接一個。說出來或是表現出來也會冒出對咖啡的不同見解，這也是所有相關的評論，是我個人學習上的優點與缺點，和大家共同分享的「咖啡的天馬行空」。

除此之外，立即建立強大的知識庫，建立正確的品、覺、論這三個最該優先建立的概念，若有需要用的一天，就能體會什麼是隨心所欲，有能力、可以對任何咖啡上發生的事做出反應，處理、建立新的認知。

為什麼大師敢在沖煮上談得多，做得少，目的是希望大家建立自己在論述上、品味上，解析不同的或相同的咖啡語言，這是我個人認為的，與咖啡建立正確的飲用與風味的關係。能說出來，基本上是正念的論述，不要試圖阻止自己說出來的時機及論點，在咖啡上的成就，這是必經的過程，愈阻止自己保守的觀念，不是在強化自己，而是浪費。

非洲的個性

溫柔典雅非洲產區最有風味特色，也保有咖啡最原始的風韻、香甜撲鼻、花香感動，花果調性浪漫又不失典雅，口感柔滑又飽滿。最具代表的是衣索比亞、肯亞、坦尚尼亞，有不同的特色風味，其中的品種以原生阿拉比卡與變種阿拉比卡（波旁、鐵比卡），多樣性的新一代阿拉比卡混血。

中南美洲＋海島型個性

思念懷舊的情感，狂野也清新，產區國大宗，以堅果類、果香類為最大特色，部分產區也帶有少許的植物香料，經過不同的烘焙後，甚至能帶出少許的可可、焦糖香韻茶感，也是最大眾的黑咖啡優質入門。

最具代表的如哥斯大黎加、瓜地馬拉，大部分的巴拿馬、哥倫比亞、尼加拉瓜、宏都拉斯。上述國家並無原生阿拉比卡，都屬於新一代的阿拉比卡或羅布斯塔或混血品種。

二〇二〇年開始，此區大部分產豆國改變了發酵方式。也就是說，這些特殊發酵的咖啡豆已經失去了原有那份純真風情與風味。

海島的話，以聖海倫娜島所產的，拿破崙與聖海倫娜的浪漫、哀傷的咖啡故事。

亞洲的個性

以三大咖啡古國而言，葉門印度為之二、三、最具代表的，當然是曼特寧系列的咖啡豆，過去也有著不同的處理方式（溼刨法），但這幾年反而少見。在風味表現上，因品種以羅布斯塔為大宗，目前也出現混血及雜配的品種，口感質地還是以樹脂類、香料類為主要調性，濃厚的油脂感，但是目前在傳統風味上的表現有重大突破、發酵的方式也大大改變，部分產區也效仿中南美洲的處理方式，也得到了風味大幅改善。（還有一支最具知名度的咖啡麝香豬咖啡）

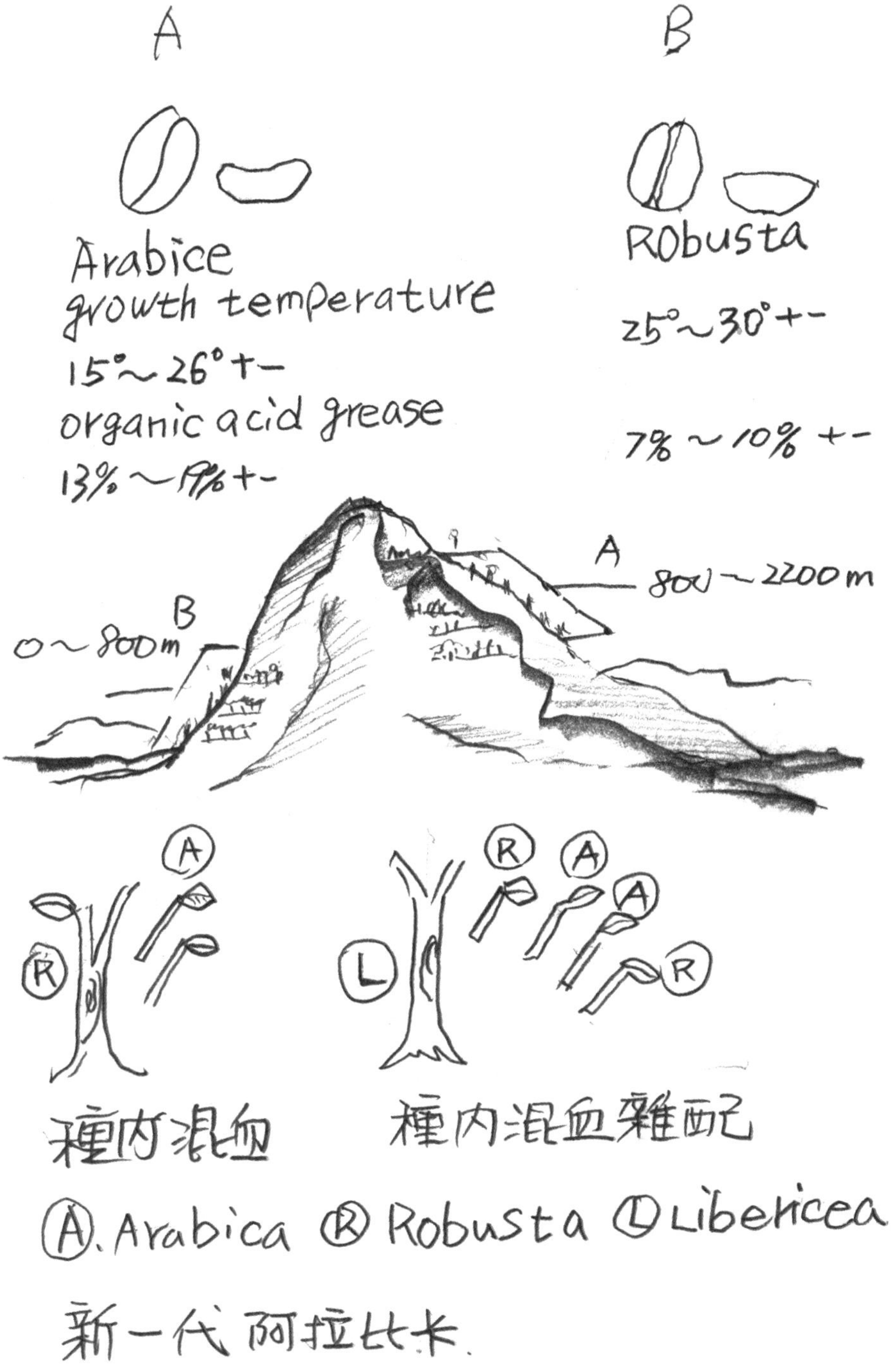
A
B
Arabice
growth temperature
15°~26° +-
organic acid grease
13%~19% +-
Robusta
25°~30° +-
7%~10% +-
A
800~2200m
B
0~800m
A
R
R
A
A
L
R
種內混血
種內混血雜配
Ⓐ.Arabica Ⓡ Robusta Ⓛ Libericea
新一代阿拉比卡.

喝必求真

不喝過度烘焙的咖啡

我們吃玉米、大豆或花生時，有感受到油膩嗎？這些食材並不含油，所以吃不到油膩感。想炸出一桶一桶的油，當然得靠溫度精煉，把食材內的脂肪裂解成油。

這些靠著精煉的工藝浸出法煉出來的植物油，很容易產生各種有害物質，因為這種煉油法幾乎和提煉石油一樣。這類油品如大豆油，過往是用來點燈的，後來改變了精煉方式，才成為家用的食用油。

咖啡豆烘焙過度時，也會造成咖啡內的脂肪因高溫裂解成油，導致烘製完成後的咖啡豆經過長時間的存放，必定會產生油耗味，成了不新鮮的表現。

過度烘焙是否會提升慢性病的機率，我不知道，但一定會造成某些不利的效應，失去原有的咖啡果香，導致原始風味的咖啡產生不同的特色，失去風味。除了因為過度烘焙的單調苦感而失去花果調性，還會增加苦化合物。咖啡內的糖分與脂肪則同樣因為烘焙的過程，產生重大的焦苦感。

很多人以為義式濃縮就該苦澀，這是錯誤的概念，厲害的義式是甘甜、回味無窮。喜好義式的朋友們，義式配方並不是一味的重深烘焙，那將失去酸度的風韻感，而酸感是咖啡很重要的關鍵元素之一。之前提過，酸香是一條路，若無酸感，花調也顯現不出來。

酸感帶有咖啡的活潑動感，若過度烘焙，咖啡除了苦，也會變成平淡無奇，更失去了咖啡風味的多樣性。我這些年推崇淺烘焙，就是想保有更多的風味特點。

重烘下的咖啡風味窄化，脂肪流失，酸感損失，失去了感性的風味，我希望保留一些酸，留下一些花果香。

另外，長期喝重烘焙咖啡或是存放太久的重烘焙咖啡，會對身體產生什麼影響呢？

雖然因為加了糖或奶，更可以輕鬆地進入胃裡消化，然後再進入小腸，但小腸具有很強的消化能力，內部無數微絨毛將吸收咖啡烘焙所產生的焦油和其他的物質，直接進入血液中循環，流向各個器官。與此同時也進入大腦中樞神經，有害物質如焦油等的刺激，將開始放出大量的多巴胺，心臟會加速跳動，心率加快，血壓提升，呼吸頻率不知不覺增加。

就如同吸菸過量時身體會有的生理反應，本來

疲憊不堪瞬間充滿能量，興奮起來後，整個人的專注力和工作提升，也正是這種感覺，讓大腦覺得內含焦油成分的咖啡是提神的好東西，慢慢產生了依賴。

喝重烘焙的咖啡，強制很累的大腦開機，長期下來自然會形成負擔。看看香菸盒上的圖片警語就知道，甚至也會加重腎臟的負擔，將刺激腎小管產生尿液，增加排尿頻率。

我推動的是精品咖啡，不是長期飲用過度烘焙的咖啡。我的三大原則還是一樣，單一品種，淺的烘焙，好的莊園。

順道一提，為什麼不要在咖啡或是茶中添加奶製品？

以前在咖啡中加入奶製品，是因為當年的烘焙。以重烘焙的角度看，如果不是烘焙高手，重焙咖啡難以入口。

除了奶，還有糖，焦糖。咖啡因和蛋白質結合形成的蛋白體會導致不好消化、不易吸收，被認定成飲食積滯，是帶來身體不適症狀的來源。

一如單純地喝奶養胃，單純地喝咖啡養體吧。

喝必求真

精品咖啡這幾年比較推崇日式沖煮、烘焙方式（溫烘焙）、虹吸手法，可以說是某種深厚的歷史與人文的影響。

在任何的飲食文化上，日本的職人精神絕對是被推崇備至，而這幾十年接觸下來，我慢慢了解到，日本所謂的精品文化精神必須是簡素，簡單樸素，能少一個多餘就少一個，形狀上能少一種變化就少一種變化，用傳統的方式做傳統的結果。擺盤上、裝飾上，能不加就不加；沖煮器具強調功用、功能，沒有功用的沖煮器具職人絕不使用（參考現今的咖啡沖煮器具）。沒有功用的器材或許賞心悅目，但不實用，不能讓心、身、靈魂產生舒服的感觀與感觸。而精品咖啡更深層的表現，就該是自然。

《精品咖啡侍豆師》有談到，江振誠先生談過，但我還是要再談一下自然。

自然和自然界某些東西有異曲同工之處，雖然精品咖啡都是咖啡師沖煮出來的，但一如天做出來的，飲用時都該感嘆山林之氣、自然之氣。也許有時候不夠美，對我來說就是殘缺，但殘缺同樣是接受不夠美的飲品，自身昇華後，會認為那也是一種美。

接受不完美，也許咖啡很好，環境不好，環境很好，咖啡不好，這全都是接受不完美。

簡素、功用、自然、接受，是我這些年對於精品咖啡的一點感念。

這裡也必須引用台灣茶大師陳阿蹺老師的對話。有人問他：「陳老師，您的茶為什麼茶作的那麼好？」陳老師回答：「不是我在作，而是天在作。」非常感動人的一句話。

所有的內容都相對應著自然的重要性，若豆商們還是一直做特殊發酵、加味、精工的咖啡豆，說真的，也違反了自然天成，所以我這幾年演講、發表文章，堅決抵制特殊加工的咖啡豆。

咖啡館的定位

兔子園區理論

咖啡館在台灣興起初期，就像是一大片草原只養了幾隻兔子，並沒有大型競爭，是很輕鬆又能夠賺很多錢的小型事業。如今，大草原上住滿了兔子，消費的人口基數卻始終沒變，競爭當然就開始了。

由於咖啡生豆已經多元化，價格和品質就成了銷售手段，低價、爛品質變成第一手段，只要店漂亮就好。

漫畫家蔡志忠先生早年演講時曾說，以前的兔子睡到三點還是有吃不完的食物，現在的兔子就算二十四小時不睡覺也吃不飽。

這不正是現實世界的咖啡市場嗎？環境變了。在對的時間，做對的事，萬物法則都一樣。

一旦發生上述情形，供應者變多，想在競爭中獲利，就必須加大泛用性以降低成本，想做精緻點的商品因此困難重重，反而是人手一杯廉價咖啡，到處可見。

所以，找到一個好的咖啡師跟海底撈針一樣。

飽和的人口基數對於咖啡這一行業，還有利基嗎？

在台北，依然有很多人帶著文青夢，想開一間文藝咖啡館。但請想一想，核心原因是否因為咖啡這個行業在台北已經非常成熟，已經形成了商業品牌鏈？想在各大連鎖品牌下生存，風味、價格、空間、環境，哪怕你做得比大商業品牌好，商業咖啡仍然足以全面輾壓。

所以我希望年輕人開店一定要做商業品牌做不到的事，在咖啡業才能有機會。

年輕人被咖啡的資本捧殺

根據調查，年輕人開咖啡館的失敗率達到了驚人的「三年內七十五％」，這個誇張的數字應和著「開咖啡館早開早超生」，成為一個不爭的事實。

之所以演變得如此離譜，與年輕人對於市場的認知不足有著密不可分的關係，同時順帶著被資本捧殺，被咖啡市場的假象迷惑，年輕人愛好自由的特性及批評與讚美的心理被利用。

就如同我們周遭充斥了一堆對年輕人瘋狂誇獎、讚美、洗腦，讓其產生不合乎自身能力的認知，能力只有三千卻想著三萬。如此思維會拉大現實與理想的差距，從而在咖啡銷售上衍生出各種不滿、對客人不滿，但就是不會對於自己的能力不滿，而這都是關店前的跡象，放大了自己的能力。

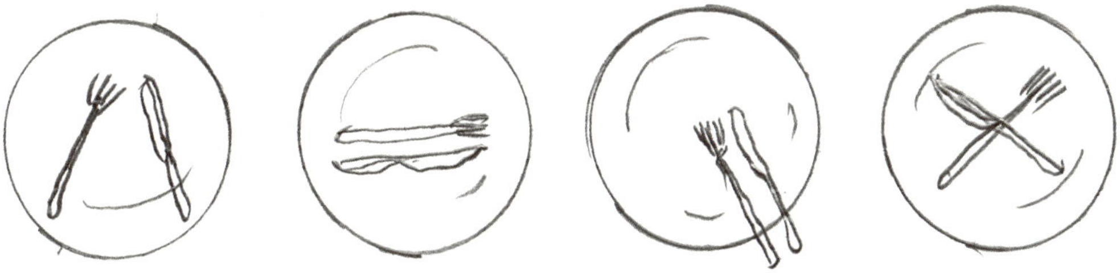

暫停用餐　用餐後認可　用餐完畢　用餐後差評

飲用時好評　飲用後杯盤有斜度是對咖啡差評　飲用後好評

你認為的咖啡館

圖1這種類型的店，以咖啡為名，調味為主，連鎖模式是其核心價值。多以環境方便為主，以食品而不是以食物為主，打造時尚的飲食、社交環境，大部分的咖啡或食品都來自產品工廠配送，從業人員的養成教育並不見得成熟，除了管理人員，服務人員以工讀、打工為主要。

圖1和圖2的差異並不大。以圖2為由，經營者多半是喜歡咖啡或曾經在咖啡館工作過所以創業，營業內容模仿連鎖店的經營方式，或許是提供早餐、蛋糕、西式點心、洋食為主，咖啡為副，大部分都以相當親民的價格販售。明明不是企業，卻做與企業相同的事，如此經營將相當辛苦。每一年，這類店家不斷地打包，也是大家常說「倒得最快的」店。

圖3的咖啡館只提供咖啡，或許連糖和奶也不供應，以手作咖啡為重，以世界知名咖啡豆為主

1

2

3

軸，非常好確認，營業方式最單純。

假如獨立咖啡館是個門檻低的行業，那就未來被淘汰的優先首選。目前市場上咖啡師的學習狀況與方式，造成了精品咖啡師誰都能當，門檻低到上幾天課程就可以，被取代成了必然，而非偶然。一旦太輕易地改變遊戲規則，就不容易在咖啡的基礎學問得到正確的沖煮概念。

白飯理論

最後，把咖啡館的「白飯定論」定位在甜點上或定位在咖啡上是很重要的概念，而且是有很大差別的定位。

舉個例子，台北有一家很有名的米粉湯，每天都有人排隊購買，一碗只賣二十五元，若是靠米粉湯的消費，不足以支撐三角店面的租金與十來位服務人員，請問這間店是賣小菜還是賣米粉湯？

在我的觀念，這家店把最值錢、最有名的品項，做最低也最少的盈利，卻提升了店內數十樣台式小菜黑白切的高利益，這是一間成功的傳統店家。以二十五元為基底，長時間感受不到店家的物價有變動，因為米粉湯永遠二十五元。

咖啡館呢？你的「白飯定論」是什麼？放在哪一個位置？

關於一杯咖啡的定價

便宜讓給超商賣

要是只賺窮人的錢，你的出發點就是有罪，無論多麼和諧都有原罪。徹底遠離下沉的市場才能安穩經營，一如知識付費的原則。尤其臺灣人口基數本身就不足，往低價銷售而無品質，如此開店的話，一輪下來，就是死局。

前些日子看到一則文章，標題「開咖啡館早開早超生」，以知識、以技能付費，其價值核心一定是內容品質的高低，技術風格是否純熟決定了能否吸引高品質的人群。

無論店開在哪一個地區，對於價值的認知配不配得上收入與苦難，幾百元的消費視野和格局，與消費上仟元的視野所追求的目標點絕對不一樣。

我們一定要透過現象看本質，明白開一家高消費店家的老闆一定有過人之處。

我之前說過，便宜的讓給超商賣，不要輕易開一間與超商價格一樣的咖啡館。

學咖啡千萬別從爛的開始，爛的咖啡豆，爛的器材，聽來的爛咖啡資訊。

思維都為了低品質的商品，那是絕對的危機，就如同賣品質差的咖啡一樣，以為賣便宜就是做好事，但是為了賣便宜，原物料會選好的嗎？

咖啡師若是思維都在這方面，填飽肚子的時間都不夠，如何有時間精進咖啡或是經營咖啡館？

合理與合適

很多人開咖啡館，店內所有商品都尋求合理定價。我覺得更該尋得「合適的價格」，而非合理。合適與合理有著重大區別。

關於合理與合適，我想以一個最好的舉例來說明。

如下圖，A和B是兩塊同樣花紋的大理石，A可切六塊桌面，B可切三塊桌面

A是最合理的裁切，雖然無法選擇花紋美感，但是確實最合理，耗材最少。B為了求取最好的花紋位置，做最美的選擇，合適，但絕對不合理。

咖啡的環境、定位、定價，都該有合適的價格。若放入生活中，那就如下圖的包包和電腦。也就是大部分男女的認知不同，產生的價值觀自然不同。換言之，每一個人選擇的概念不同。

我們的咖啡館所提供的消費，客群就有合理、合適的存在。了解消費心理因素，比提供了多少商品、種類更重要，這是消費心理學的基礎認知。

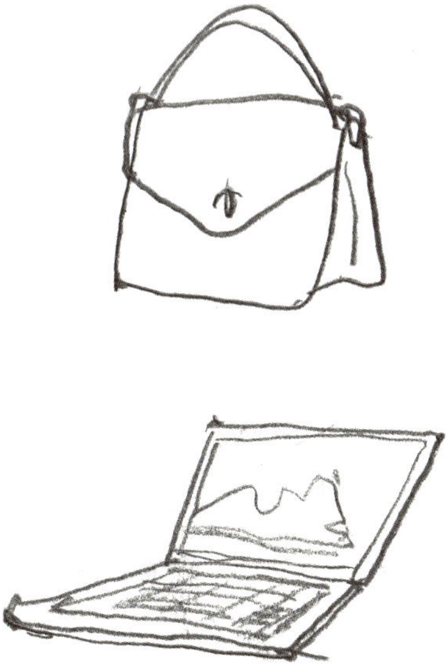

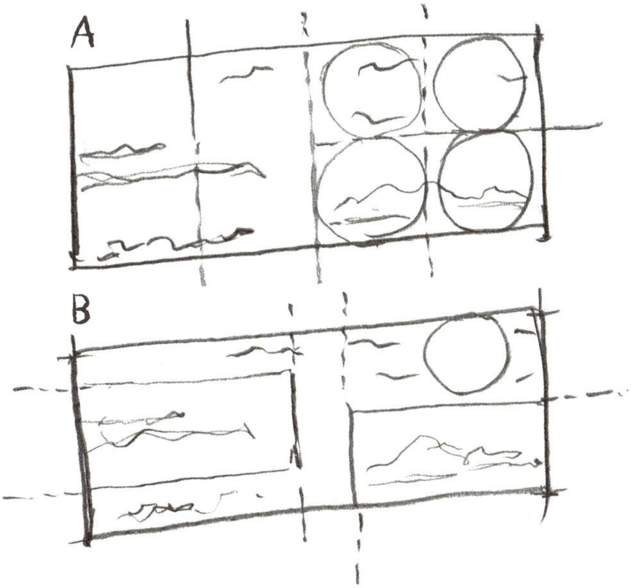

即溶與速溶

即溶與速溶的概念在咖啡市場占有絕大部分的比例，高達七成上下。

過去只有五家廠商產出三合一咖啡，供應著幾千萬人飲用。過去絕大部分的咖啡業者之所以無法介入即溶咖啡的市場，是因為如自動化機組、流水線、包裝線、調製廠等設備，一般的咖啡店家無法擁有如此規模。

但是，速溶的時代已經成熟了，如掛耳，連便利商店都有很多速溶咖啡商品，大步踏進了過去的即溶市場。速溶式咖啡產品讓即便是個人工作室都能進入咖啡市場，每一位咖啡師、每一間工作室都可以進入這慶幸的商機，也導正了即溶咖啡並不健康的取代性。

A、B兩種掛耳咖啡原本的銷售百分比分別是六十%和四十%，一旦有人用C壓價介入，就改變了A、B的選購百分比，A從六十%變成二十八%，B從四十%變成六十三%，而C的壓價並沒有獲得信任，只獲得九%。也許消費者擔心A價格不划算，C貨品不可靠，所以多數選擇了B。

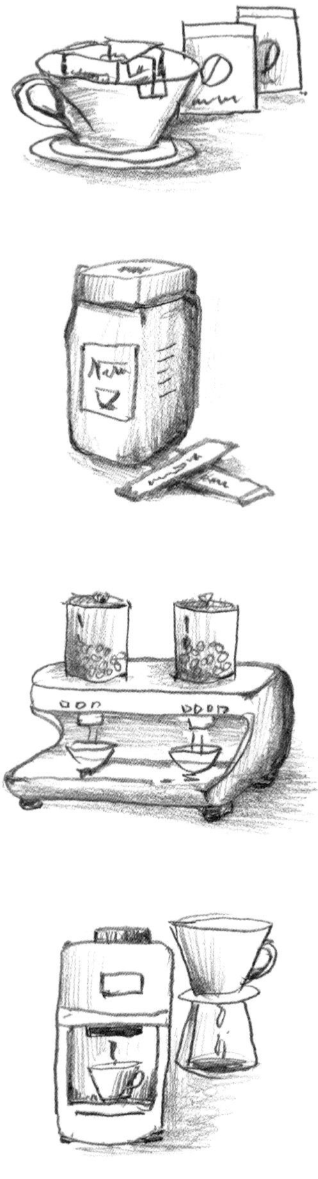

即溶及速溶（指快速自身取得）占有率 70% 上下

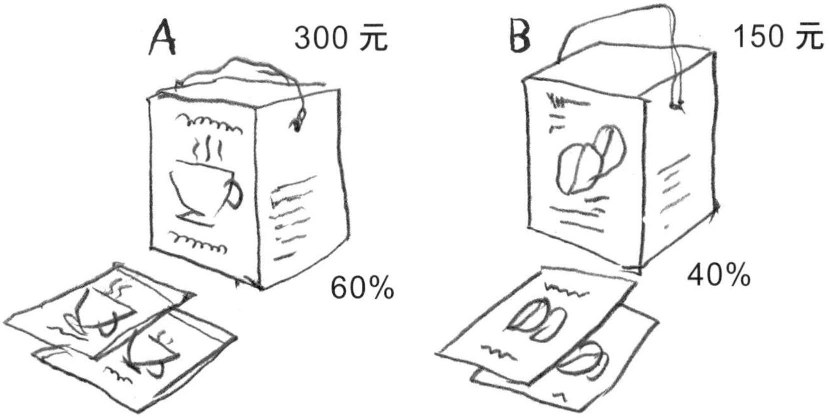

A、B 兩種掛耳咖啡的百分比

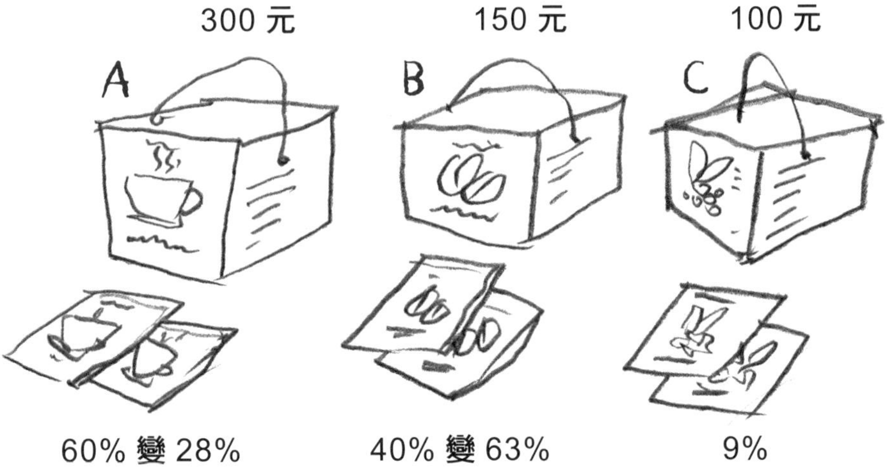

A、B、C 三種掛耳咖啡百分比

開店實務

如何計算毛利

開咖啡館是很多人的終極夢想，但在獲利上往往沒有健全的認知。

以毛利來說，進貨一百元，售價一百二十元，認為毛利是二十%（120−100÷100=20%）的話，就是最錯的認知。

應該如何算毛利呢？應該是（120−100）÷120=16.67%，不到二十%。按照綜合進價來論述，這樣獲利不到二十%，不利於經營咖啡館。

若是換另一種算法，100÷（1-20%）=125元，以目前現有市場，毛利都放在二十%～四十五%左右，就是合理的收益。

若是稅後毛利超過六十%，那就屬於暴利，以這樣的常規，有不斷的客人，那咖啡館的經營絕對是個暴利行業。然而，獨立精品咖啡館沒有「不斷的客人」，別被暴利吸引進入這一行。

到目前為止，保本的營業計算是把房租、水電、人工、固定支出以及投資設備的攤提，再除以毛利率。舉例，房租一萬元、水電三千元、人工三萬元，固定支出一萬元，除以毛利四十%，保本營業額應該是（1+0.3+3+1）÷40%=13.25，十三萬又兩千五百元，這才是該有的營業概念。

若是打折要記得，房租不能超過營業額十五%～二十%，人事成本不能超過營業額二十%～二十五%，裝修投資不能超過營業額三十五%。

沉沒成本

沉沒成本的概念是指開店時人力配置及器具所產生的損失或是損害。

開店都會發生這種現象：不實用的添購，該說的不說，該做的不做，甚至擔心觀點不被接受，因而選擇沉默。

沉沒成本就是錯失了未實現的價值，導致用模仿的方式經營咖啡館。

開一家店，全方位的知識或說概念，所學若不足，不只技術，應該健全所有。沉沒的成本，或許是你自己。

保有價值才是你真正的商品，無論訂定的售價如何，獲得認同的銷售才是商品價值。

所以請提醒自己，花八成時間完成兩成事情，把所有的問題記錄下來，問題就會先解決一半。

不同的開店危機

第一種危機發生在開業之初、減價打折或來客數不足時，打折促銷，結果來的並不是你真正需要的客人，折扣一停，又回到原點。再一次打折、促銷，反覆地打折促銷，店也完了。不僅賺不了錢，由於打折等等因素，獲得一堆負評。

第二種危機指的是費盡心思不是研究產品（咖啡），而是附加的產品。比如餐點，想滿足所有消費者琳瑯滿目的需求，什麼都想賣。以咖啡師而言，需要的是穩定的商品，也要看清消費的目標與群體，不需要全方位取悅顧客。品項太多，並不能保證食材的新鮮。

第三種危機是只要生意不如以往就想換品項、換名稱，繞了一圈下來，店基本上也完了。常看到的同樣的經營者關了一家又開一家，正是因為最基本的行銷概念和思維沒有更新。

開店漫談

如何增加咖啡的質與量？

想增加咖啡的質與量，首先別拘泥於單一品項，也可以運用不同的沖煮器具表現不同產區與各式烘焙程度的咖啡豆。這種發現有著滿滿的驚喜，合適的沖煮技巧方能帶出咖啡的特性，或許能找出適合你或客人咖啡的選項。

再者，千萬別忽視水質的影響，選對的水能夠讓風味與層次更加分明。但同時也要注意，水中的微量物質多寡絕對會影響咖啡的萃取。

再來，加入一些與咖啡有關的故事，讓品飲咖啡時更有情懷，甚至探索味蕾的無限可能。

如何增加咖啡館的立體感？

至於咖啡館的立體感方面，本身擁有有趣的念頭，就不用再擔心鮮豔的色彩，古典的、現代的、衝突的，好比一面牆刷成深色，一面淺色，玩弄視覺，挑戰對比，或是空間精簡卻配上鮮明的家具。

學習色彩學讓我知道，色彩能讓空間活起來，而且同樣是碰撞學理，眼前一亮，不再追求單調的天花板燈光，多層次的燈光照明能把光玩成藝術品，喝咖啡就如電影場景般迷人。

後現代藝術，有趣的擺設，不再把家具像士兵一樣整齊排列，可以混搭高度和不同風格，創造獨特又隨意的氛圍。高低錯落的擺設會讓空間更有深度感，比如美國紐約的大都會博物館。

當然也少不了藝術品、植物、書籍，除了釘在牆上，也有一些垂直擺放的元素，比如高大的植物或書架，讓我們的視覺向上或往下移動，層次感自然就出來了。除了這些，混合使用不同的材質，木質、金屬、玻璃甚至紡織品，讓視覺和觸感都更豐富，每一位客人走進咖啡館都會勾起很多情緒，那就達到了讓咖啡館充滿創意、成為立體的美學空間的目的。

膽識讓你能正視客人的提問

對客人喝咖啡的期待與效應必須有許多配套。針對客人的要求喜好、咖啡師的判別建議、是否有能力執行技術，我們做到了多少呢？

一定要強練自己要懂得、需要了解的、要能做的，包含訓練自己的臉皮有充分的認知，不需要害羞，有自信、技能技術的扎實，自己不信甚至不知的話，客人如何相信你。

經歷必須靠長時間疊積而成閱歷，學說話也不是從別人的問題去挑戰問題的內容，而是該有不同的見解，會看事、該做的事太多了。如同上課，有那麼多的事，要學要作。還要學做人，甚至讚美客人（不要覺得別人喝不懂、看不懂）。學會拒絕，絕不因為賣而賣，情商自然就高。

當咖啡師不會說話，就永遠是觀眾，永遠在台下。我認為練習說話到演講是一步一步建立的，沒有人是天生的，都可以訓練。

在世界比賽中能夠對著很多人說話很重要，能演說的一定是高手。除了會說，也要會聽，了解客人的需求，自然而然，沉穩、穩健就不再是問題。

客人對咖啡有再多的問題，都不會困擾你，也會變為淡定，不會因為無禮或是其它因素而生氣，不再計較，甚至不會被客人因為咖啡的事而激怒或生氣。

我個人覺得，膽識能夠正視客人的問題，而膽識的根源來自內心的謙讓，這必須是剛說的大部分的利基點，煥發抬頭挺胸的氣場。

解決自己的問題，就不用解決一千個問題

開店以後的負評可能來自於：

1. 對商品的認知不同
2. 物所不值
3. 服務態度
4. 品質、質量
5. 輕易草率
6. 誇大商品
7. 不合意的對答
8. 養成教育不足
9. 規則條件不明，解說不足
10. 都是別人的問題

開店以後，面對負評或差評，我總認為解決自己的問題，就無需去解決一千個問題。解決一千個問題，不如解決一個問題。

咖啡的事實與觀點

1. 賣一杯爛咖啡是事實。
2. 其實可以端出一杯咖啡是觀點。

想像一個人每天喝一杯咖啡，並回顧這個經歷

——

首先，這個人早上都要喝一杯咖啡，他覺得喝咖啡是一天的開始，讓自己保有一整天的活力。也就是說，事實是可以確定的，觀點的表達是對個人的看法，是基於主觀感受所做的評價。

所以對於咖啡師來說，銷售咖啡同樣有事實與觀點。

咖啡市集的口紅效應

在時代經濟的變異下，咖啡經濟被左右擺動，變化很大，高品質與大眾消費減少，變成了有限度的消費方式。

以一般店頭市場消費來說，連鎖咖啡與精品咖啡之間的效應是，愈多人消費連鎖市場，精品咖啡館就會被比較，「考慮品質」不再是思考消費時的第一優先，而是是否划算，並轉而購買較為經濟實惠的。

也就是說，即使經濟不景氣，仍然想在經濟壓力之下保有喝一杯咖啡的感受，此時咖啡好不好已經不是前提，價格較低的咖啡成了另一類的咖啡奢侈品。

這種現象反映了某種消費咖啡心理的應對，追求某種小幅度的「喝咖啡的愉悅」。

我認為開店、訂定價格的時機、區域，消費年齡層要考慮大環境的經濟時宜，不要依賴低價來支撐營運。

低價策略的邏輯本身就是個錯誤，利潤分散在集中利潤，這是咖啡市集最基本的邏輯。沒有利潤支持的商業行為都是虛構，曇花一現。

我看到很多的學員在市集做生意，沒有好的收潤，錢沒賺到，名聲也完全沒有提高。就如同這兩年的咖啡展，超級多的零售咖啡攤位目的不是在造就品牌，而是在做零售。

試想，展覽費用十幾萬元，能賣多少杯咖啡？不就是個砲灰，陪襯知名的品牌、器具和機器而已？展覽中的每一個環節都是消耗，這類咖啡展並沒有盈利能夠支持可續性。所有商業形式，利潤都是核心訴求，放棄短期利益，只有有利潤的商業行為才是可以持續的，不管是燒錢的模式或是擴展模式，咖啡展和市集的核心價值，請好好想透展覽是否有擴大的可能性。

有時，市集的效果大於展場。

以下圖來說，A和B的銷售結構同樣是賣咖啡，效果卻不相同。

過往看到的大部分以B為主，A是免費飲用，咖啡和商品打散銷售，消費者接受度變高，壓力少，用零錢就可以帶走喜歡的商品，甚至選購不同風味的組合，銷售方式彈性又多元。

B的話，以掛耳咖啡而言，每盒售價五百元台幣，每杯咖啡九十到一百二十元。如果整場市集大部分都是咖啡攤位，立足點就會有問題，除非特別知名。不然的話，消費者憑什麼要在你的攤位消費五百元呢？

EVE CASA 精品咖啡館

EVE CASA 精品咖啡館是一間我注意了非常久的精品咖啡館，我從中看到了對精品咖啡的不妥協。

我私下和 EVE CASA 的經營者聊過天，問他「你對咖啡有信仰嗎？」，他回答「信仰就在那，只是要不要過去」。

這句話也是我上課時常常勉勵學生的。

做咖啡這一行，要的不是只有技術與知識，而是要有堅定的信仰，才能把這一行做好，更能呈現飲食文化上的藝術與美感。

我非常感動。

從年輕到現在，我同樣秉持著 EVE CASA 的開店精神——「為什麼咖啡要有信仰？因為它就在那裡」。

EVE CASA 坐落在台北市近郊內湖，環山與湖畔之間，這家店讓我的探訪滿載而歸。

經營者說之所以籌備那麼久，就是為了等最完善的時候才登場。

「**台北市並不缺一家精品咖啡館，但缺少一家有品質、有質感、有美感的咖啡館。**我覺得要提升精品咖啡的美學層次，而不是冠軍咖啡師或烘豆師的名號，下一個階段就看誰能夠把精品咖啡的美感呈現到最高峰。」

如同茶品，從茶學、茶藝到茶道，咖啡的過程也是如此，其美感一般人不容易做到。「咖啡可以做得很好喝，但美感不是每個人都有，我希望將這份藝術呈獻給大家。」

在 EVE CASA，我注意到器品、器皿的選擇，便詢問經營者他的選擇條件。對方回答希望使用時尚的咖啡器皿，讓年輕人更能接受現代感，也能與空間設計互相結合，古典咖啡杯會有點格格不入，所以不用過往傳統的古典咖啡杯。這是好的思維。

EVE CASA 使用的咖啡杯是法國品牌 SILODESIGN，曾獲得米其林摘星主廚艾倫·杜卡斯（Alain Ducasse）青睞。EVE CASA 以 SILODESIGN 品牌為主要的餐具杯皿，進而代理 SILODESIGN 餐具，店內亦販售套裝組合。

我問經營者他訴求的客群對象為何，足以支撐營運嗎？

對方說：「我在乎的不是來客數，而是客人對品味的要求。如何經營我的目標客群，透過空間的品味美感吸引相同品味的人，接著再透過課程往外拓展客群。除了咖啡分享會，我還有料理烘焙、花藝、健康知識等課程，很適合中高年齡客群。來客量並不是我的迫切需求，而是希望在地多一些飲食文化的改變與提升。

另外，我希望 EVE CASA 是一個共享空間，大家都可以來店裡活絡空間，建構出一個飲食文化平台，提供美食、咖啡等多元交流，讓人可以在店裡感受五感體驗：視、聽、味、觸、嗅。知識性、可碰觸到的相關產品同樣是我的目標。」

EVE CASA 的咖啡烘焙與咖啡內容，主要是小型、精緻、微量、新鮮的自家烘焙，把咖啡豆的新鮮度擺在首位，咖啡烘焙程度以淺中、中淺為主。沖煮方式則是在眾多咖啡沖煮方式中回歸最初的風味，主打虹吸壺專門店，儘管過程繁瑣。「這就是我跟其他咖啡館產生的區隔。」

我進一步請經營者談談正在進行中的未來目標，是否有餐飲相關課程或分享會，他說除了咖啡，EVE CASA 也有很好的廚房設備，可以一起分享餐飲文化與咖啡美學課程。「消費者是精品咖啡供應鏈中的最終環節，他們不需要花更多時間尋找優質的精品咖啡，我們的店就有！」

談及 EVE CASA 的未來方向與方針，經營者說：「強調虹吸咖啡沖煮的專業技術、著重咖啡文化及餐飲美學的傳承與發展、提供在地的共享空間、精品咖啡對社區的影響、創造在地就業機會、促進文化交流」，足足六大項，認為如此才能繼續

吸引新的消費者，滿足現有消費者的需求。同時也需要高度關注精品咖啡的品質和文化，才能繼續為消費者帶來更高品質的餐飲體驗，成為一個豐富的交流場所。

黑鳥咖啡館

發現黑鳥咖啡館（The BlackBird）真是一場奇遇。

一個騎摩托車兜風的日子裡，我路過北投，在新北投的末端，被一間咖啡館驚豔了。我喜歡披頭四，這間咖啡館裡充滿了我年輕時的喜好與收藏，讓我踏了進去。

令我訝異的是，除了播放的音樂，這間咖啡館的咖啡也好，非常單純。我喜歡這種單純。

對於一個從事咖啡行業四十多年的人，發現一間想讚美的店是有困難的。

黑鳥咖啡館的深度與咖啡的立體感，都是我嚮往與夢寐以求的，沒有那麼商業，卻保留了很多的人文、音樂、藝術與美感。

老闆 Dogcheep Hsiao 的信念是什麼呢？為什麼能夠開一家看起來很孤獨的店？

我開口詢問：「黑鳥咖啡館是一家音樂咖啡館嗎？」

老闆回答：「我有一個披頭四的復刻樂團，我特別喜歡披頭四的 BlackBird，黑鳥咖啡館的店名就是取自披頭四的 BlackBird。黑鳥咖啡館算是一家音樂咖啡館，因為我會不定期舉辦音樂活動。我希望這裡是一個充滿披頭四元素主題的咖啡館，整體氛圍是一個很融合的音樂咖啡環境。」

我又問他的信念與經營方針，老闆說原本開店的設定就是不希望被咖啡館的固有模式束縛，想開一間有自己風格的咖啡館，所以不是以獲利為首要目標，而是在店內分享空間、做自己喜歡的事情。「這是我一直想做的事情。」

黑鳥咖啡館的主體仍以咖啡為主，店長選擇由「咖啡實驗室」來提供優質的咖啡豆。「我認識咖啡實驗室老闆二十年了，所以開店第一件事就是問他可不可以提供優質的咖啡豆給我，店長欣然答應。如此一來，我就能把自己喜歡的咖啡味道帶來跟大家一起分享。」

聊到對於黑鳥咖啡館的未來期許，店長認為黑鳥位於新北投末端，並不屬於商業地段，除了帶來他自己喜歡的咖啡味道，讓大家可以來工作、看書、品味咖啡，比較像是一個共享空間。

我問他擔不擔心大家只是來利用空間，無法帶來商機，他說這邊的房租不貴，再加上他原本就需要一個空間做自己喜歡的事情，所以經濟壓力並沒有那麼重，不太擔心。

我們也討論黑鳥咖啡館與在地的露易莎與星巴克的區別。

店長說露易莎與星巴克屬於大型連鎖咖啡館，畢竟是商業空間，消費客層與地方共通點比較多。相對的，個人風格的咖啡館反而更吸引人，強烈的主題也是經營者個人特色與風格的表徵，周邊競爭者相對顯得少。

黑鳥咖啡館希望規畫長期的咖啡分享會，但目前尚未排定具體時間，音樂演出與活動則是不定期舉辦，邀請店長熟識的朋友或歌手來演出，比如曾經邀請董運昌老師、王志平老師，郎正宵也曾在黑鳥舉辦新歌簽唱會，作詞作曲人熊美玲小姐的ＭＶ首播就是在店裡舉辦。

天島咖啡陳臺生口試實錄

為什麼必須了解廠商咖啡生豆的報價及內容？

大型的生豆廠家除了對於每一支豆子的生產履歷、產地、莊園、發酵方式都能詳細表述，也不忘介紹咖啡豆的本質風味及密度、含水量，咖啡烘豆師、咖啡師，甚至為客人提供服務、介紹時，都能運用，例如烘豆師可以依照風味內容調整適當的烘焙程度，咖啡師更能掌握風味，這是很重要的環節之一。

商業咖啡館與獨立咖啡館的區隔是？

商業咖啡館目前仍以星巴克為首，以類似經營模式的幾乎都是商業咖啡館，以速溶的方式出杯，甜品為主。有很多的咖啡館看似獨立，其實還是模仿星巴克，以星巴克做為學習對象。這其實很可惜，因為立基的概念與資本完全不同，卻想做一樣的事。獨立咖啡館則鮮明許多，提供多重的咖啡品項，以各種咖啡的風味為主要商品，且以手作咖啡為主，當然也能從中看到獨立咖啡館的風格、主題，不難分辨。

商業咖啡以速溶、即溶為調味，花式咖啡為主，以餐點類為重要商品，咖啡為副產品。精品咖啡以手作咖啡為主，除了義式，也包括手沖、虹吸，主要商品是單品咖啡豆、咖啡教學、咖啡分享會為主，咖啡的單價較高些。

對於目前的咖啡師，你個人有什麼建議，或是想給自己什麼建議？

我個人對自己的建議會比較偏重在精品咖啡的概念上，科學實務上，再進修，除了技術技巧外，對於不同風味的咖啡豆更能精準地選擇研磨刻度、水溫、烘焙程度等。這同樣也是我給很多同學與業界裡的咖啡師的意見，與時俱進是永恆不變的發則，若一直停留在商業概念的階段，總有一天會被淘汰，薪資所得也不會高，沒有未來的工作更可能被機器咖啡機自動化取而代之。

為什麼外帶咖啡店外帶咖啡五十元，你的咖啡一杯賣一百八十或兩百五十元？不覺得賣得貴嗎？

這是我經常碰到的問題，可以舉的例子實在太多了。一個包包有一百元、有一千元、也有一萬元，茶同樣有一斤三百元、一斤三千元或是一斤三萬元……除此之外，咖啡館的內外環境、音樂、設計、咖啡師的風格，都是一種區別。

請分析一下造成咖啡礙口的原因？

可能是咖啡生豆品質的問題，也可能是烘焙不足或過度，研磨不對等，磨豆機的刻度不對，沖煮時間過久或不足，按壓或沖水高低，這些都是可能影響並造成礙口的重大原因，若是咖啡本身優質，問題應該出在操作手法，可以做部分修整。

對於咖啡保存的想法是？

生豆是以當季當度購買，以真空包裝為購買前提，小包量（五公斤）為主，能夠快速使用完畢最為理想。熟豆則應該在烘焙完成時裝入不透光的瓶子或透氣袋內，讓鮮度保持久一些。若是極品高貴的咖啡豆就分成每三十克一小包，抽真空後放入冷凍，減緩咖啡熟豆的氧化，也能延長存放時間，不過這有個缺點，鮮度會少些，可是整體風味其實還不錯。

精品咖啡館該具備什麼條件？

除了咖啡以外，特色、主題、環境、燈光、音樂，都是精品咖啡館的必備條件，能煮出一杯好咖啡只是基本條件，也有很多店什麼都好，就是咖啡不行，非常可惜。

說一句題外話，以前覺得藍瓶咖啡很有名，但在機場看到藍瓶的販賣機，心都涼了一半，覺得藍瓶大可不必那麼做。「精品咖啡館可以複製，但精品咖啡師無法複製」，咖啡館品牌大或是連鎖，就是精品咖啡館嗎？咖啡館小就不是嗎？有些事不需要解釋，但有些消費者不太能夠理解這些事。

風味可以重現嗎？技術可以分享嗎？

這是田口護先生書中出現的句子，我覺得只能接近「風味重現」，而且很困難，關係到烘焙程度、沖煮器具、沖煮手法上的差異，同一位咖啡師的第一壺與第二壺就可能有差異，更何況大部分的義式店把所有配豆放入同一個磨豆機，每次出杯的豆子比例都不同，想重現風味就更有難度了。除非每一份都是獨立配方，一次一份，那風味就接近了。

技術分享方面，寫書就是分享的一種，實務、理性、科學，使用不同器具的技巧，分辨咖啡品質，烘焙，這些都需要長時間的學習，才更有能力分享、教學。

為什麼要了解烘焙？

除了了解烘焙方式，也要了解咖啡豆在烘焙過程中不同的熱的反應，以及烘焙時熱對流、熱傳導及熱輻射不同比例的運用，更要認識不同產區的咖啡豆，進而了解烘焙程度，可依照風味烘焙不同的程度，如花香、果香、草香的淺烘焙，堅果、焦糖、巧克力，中焙……有很多不同的焙度。了解咖啡豆的產地風味，便可依照風味做出有所區別的烘焙，而不是炒或烤。

炒就像是糖炒栗子，平底鍋炒咖啡豆。烤就像是烤肉，鐵網烤咖啡豆，這兩種方式想要穩定溫度很難，熱對流無法有效作用，只有靠熱傳導。炒和烤不是烘焙的科學，也不是優質的烘焙方式，而且還可以有很多討論……

分析一下沖煮咖啡如何影響滋味？

無論是手沖、虹吸、義式，影響咖啡滋味的相關條件不外乎粉的粗細，水的溫度，擠壓及攪拌的力道，沖煮壺的高低，機器壓力是否超過需要的大氣壓。各種改善或改變都脫離不了上述這些情況。

義式咖啡與手沖虹吸咖啡的差異是？

很多人對義式咖啡有很大的誤解。若曾經造訪標準的義式咖啡店，除了很厲害的拉花拿鐵，更注重義式咖啡的配方，而且每一份配豆都是小份包裝，出杯的內容一致性非常高。

坊間一般店都是一大包放入同一台磨豆機，每次出杯風味差很多，店家儘管知道缺點所在，但仍追求方便快速，其實本非精品義式的真義。過去的條件及現今的條件應該有一些新的認知，手沖與虹吸也可能同時存在於同一家店內，以非常多元的方式經營。

台灣咖啡VS台灣價值

最近幾年台灣咖啡的話題熱度非常高，討論度相對也高，讓人似乎覺得台灣也種得出好咖啡，離咖啡自由已經不遠！

「台灣價值」好像無法討論太多，但在台灣種植咖啡的可行性到底是不是扎心的事實。

走向世界的台灣咖啡？

大致來說，在台灣種植咖啡是一件好事嗎？雖然我們的農改技術可以說世界第一，但種出好的咖啡豆只需要農改嗎？應該不是。

我這幾年不斷接觸台灣的咖啡生豆，憑良心說，真的不是很理想。質地表現上，由於台灣海拔過低，咖啡生豆的密度鬆散，質地表現也很軟，經不起烘焙的考驗，更別說風味了，大部分都是木質味；每烘一次，就如同爆米花般蓬鬆，這是非常大的問題。

除了海拔的問題與水土、氣候等因素，還有一些根深柢固的思維無法改變（你不能說不好）。

正如我上課經常說的，台灣年產咖啡五、六十公噸，離咖啡自由有十萬八千里這麼遠，除非地球轉個方向。

一如台灣的農業同樣經過長時間耕耘才能有今天的農改技術，許多咖啡生產國經驗了好幾個世紀，歷經了世代的傳承。

台灣咖啡種植最大的困難就是離咖啡生長帶的

核心距離太遠，能碰到的區境太小，且在最邊線，地理先天條件不足，價值觀也不同。是故整體而言，台灣的咖啡業者（非咖啡農）都追求著品質高而優的精品咖啡豆，因此轉入烘焙的技巧與技術，甚至要求能追溯生產履歷的品種。

當然，除了遠離咖啡種植的核心，海拔、緯度的不足也使很多台灣咖啡的品質受到限制與質疑，由於這類缺點都是優質咖啡豆的致命缺點，業者因此忽略或隱瞞，只有正面聲音，負面的卻不能討論。

量少不等於高單價

縱觀這幾年台灣的咖啡豆，無論品種、價格，都會讓人嚇一跳，價格經常超越大部分的知名咖啡豆。有時候覺得，名不符實要受到市場認同，還是有相當大的差距。

尤其台灣咖啡豆的產量現況是，種植海拔使然，較優質的咖啡樹生存不易，海拔往往約兩百到六百公尺，海拔更高就有種植上的困難，導致產量大約在五、六十公噸，若以喝咖啡的人口來說，每人約一、二公斤，能夠滿足多少人呢？造成了很多魚目混珠的現象。

台灣大部分的咖啡農，在機具設備上的投資，常因為種植數量的關係，不太能夠增加設備，也因如此，每一季的品質穩定度不夠，產量資本無法攤提成本效益，隨之而來的是咖啡豆的發酵過程無法維持有效品質，品質經常上上下下。投入多，該有的品質卻不一定，再加上大環境的變化、氣候、溼度……造成咖啡豆的熟成度不一致。

正因為投入的人事物大，產量小，價格讓人嚇一跳，由於無法規模化，通路的銷售就成了大問題，可以說因為種種原因，並不樂觀。不停吹捧之下，購買後、比較後，大失所望。

我曾經在台灣咖啡的小型討論會中提了一下，用千刀萬剮來形容開完會的心情，這種行為無疑是對消費者的欺騙，我們需要更多人的了解。

貴得名不符實，誰能勇敢挑戰這個議題、有無改善空間，才能促進台灣咖啡的長期發展，不能因為產量少就賣高單價。

了解台灣咖啡的核心問題

我想到了班克西（Banksy）的藝術形成。

班克西絕對是透過批判，反思與挑戰現代社會、權力結構和文化觀念，以現實的世態激進藝術甚至政治目的，他的作品絕對是顛覆性和挑釁的，更故意挑戰傳統和藝術的道德、價值觀。這些作為、激進的手段，破壞現有的藝術市場，激發了大眾認清、檢討當代藝術的時事。

咖啡領域有很多不為人知的事實。當我們經常不是那麼滿意某些東南亞的咖啡品種時，其實東南亞有非常多的咖啡生產國離種植核心相對近，但以品質來說並不是大多精品咖啡飲用者的喜好，台灣相對離核心更遠。

當我們期待台灣咖啡的價值觀時，是否了解前述種植核心的問題？海拔高度固然是非常重要的環節，可台灣高山雖多，種植的經濟坡度卻不是太多，絕對不應基於某個緯度環節而不斷地追捧。

我當然尊重農耕上的辛勤，簡單的問題比如產量很難達到起碼的獲利時，自然很貴，品質卻不理想，無法滿足精品咖啡的條件。

推廣精品咖啡一定需要精品咖啡豆的原物品質支持，以滿足消費方的需求，這也是未來的趨勢，除非不在乎真正的精品意義。

做精品咖啡想獲利，就該做精品咖啡的事，大部分的人都知道精品品牌，唯獨對精品咖啡的認知卻是含糊不清。

準備好，再出發

未來呢？如果能夠改善品質問題，如海拔、緯度、品種，或許真能產出屬於台灣海島特有的風味，讓台灣咖啡貴得有憑有據。

希望咖啡農友不要挑戰這心知肚明的事實，若覺得台灣咖啡豆好，那是因為你沒有喝過好的，別再結黨結派。

也希望半路出家的咖啡農了解，這不是不好聽的話，而是代表有很多進步空間，種植的年數、資歷及學問，統統需要更大的進步，才能將台灣咖啡推向國際。請準備好再出發。

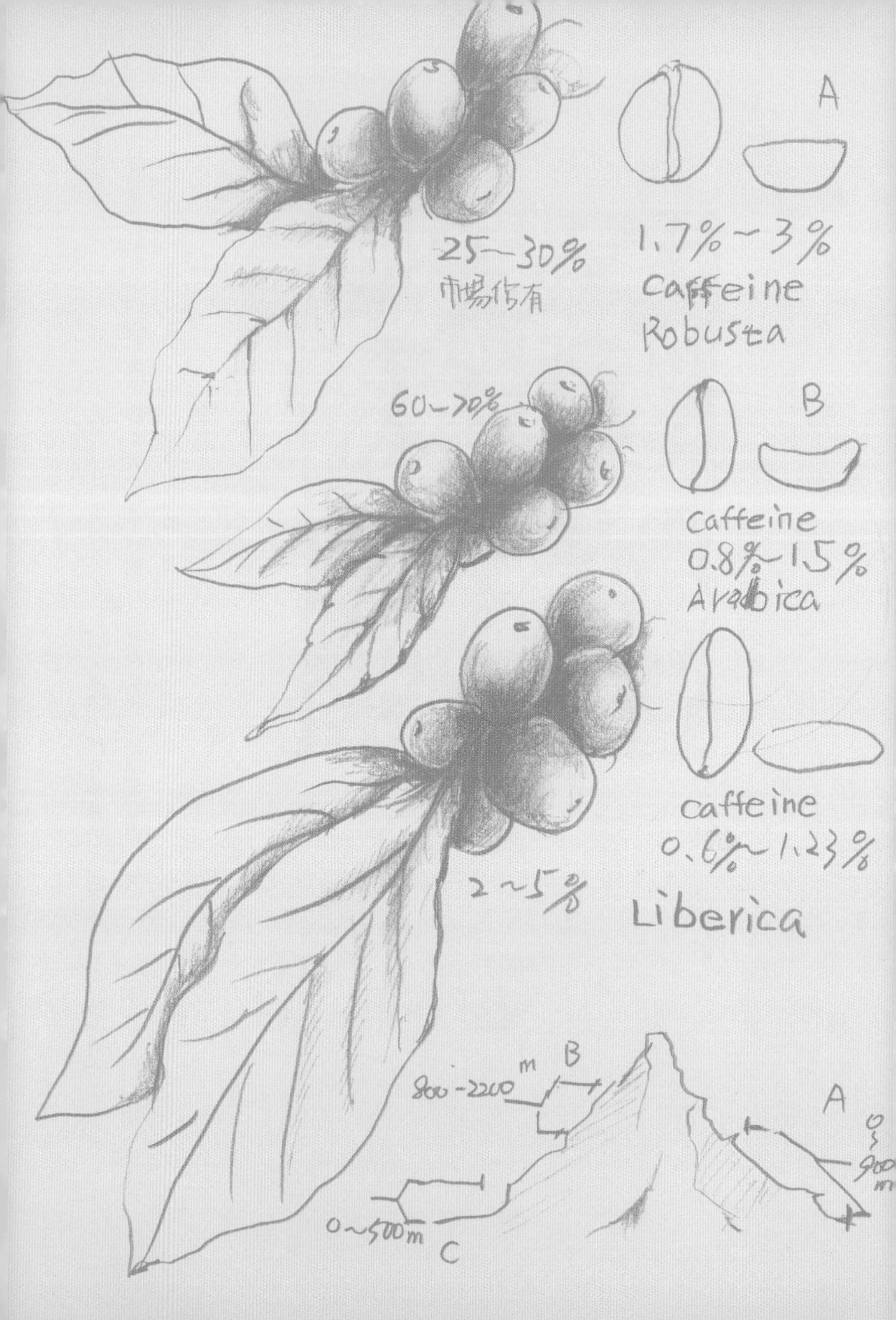
A
25~30%
市場佔有
1.7%~3%
caffeine
Robusta
60~70%
B
caffeine
0.8%~1.5%
Arabica
caffeine
0.6%~1.23%
2~5%
Liberica
800-2200m
B
A
0~900m
0~500m
C

下篇

周正中

咖啡背後的故事

閒暇與藝術的交織

我深刻感受到咖啡在生活中的不同角色。對於大多數人，咖啡是一種迅速提振精神的飲品，尤其是忙碌的工作日，一杯熱咖啡能瞬間喚醒感官，是日常生活的不可或缺，能讓人重新投入到日常的節奏中；閒暇之餘，則步入咖啡館品嘗咖啡，享受放鬆時刻。

但對我來說，咖啡的意義更為深遠，是一種藝術，一種生活哲學，讓我在每一口中都能品味到生活的深度，也是一種深具藝術性的體驗，蘊含著文化、情感與創造力的交織。

專業角度而言，咖啡的製作過程涉及多重技術層面，包括選豆、烘焙、研磨和沖泡等，每一個步驟都需要精確的技術和對細節的關注。這種專業性讓咖啡的製作不僅僅是一項日常任務，而是一門需要學習和實踐的藝術。當我專注於這些技術時，我感受到的不僅是咖啡的香氣，更是對生活的熱愛和對藝術的追求。

文學角度而言，咖啡是一種情感的寄託。無論是咖啡的歷史還是人們在咖啡館中交流的瞬間，都讓我感受到咖啡如何連結了人們的心靈。每一杯咖啡背後都有一段故事。無論是孤獨的思考，還是與朋友的歡聚，咖啡都在其中扮演著重要的角色。

咖啡不僅是一種提神的飲品，更是一種深具藝術性的生活體驗。它在專業技術和文學情感之間架起了一座橋樑，讓我們在品味咖啡的同時，也能感受到生活的豐富與多樣。

甘與甜的交響曲

每一杯咖啡都蘊含著無限的可能性，等待我們發掘和品味。

每一杯咖啡也都是一段旅程的縮影，承載著不同的故事與回憶。

在咖啡館裡，無論是獨自一人靜思，還是與朋友相聚，咖啡都如同一位默默的陪伴者，讓人感受到生活的美好與深邃。

在這個瞬息萬變的時代，咖啡的故事依然延續著。咖啡不僅是提神良藥，更是靈感源泉。無數創作者在咖啡的陪伴下創造出無數經典，讓咖啡成了文化與藝術的象徵。

隨著咖啡文化的演變，我們見證了不同時代的咖啡風潮。從最初的濃縮咖啡到如今的手沖與單品咖啡，每一種形式都講述著咖啡的故事，並將這份

文化傳遞給更多的人。如今，咖啡不再僅僅是飲品，而是一種生活態度，一種對品質與可持續性的追求。

在這個充滿變化的時代，咖啡的故事仍在延續。每一位咖啡愛好者都在為這份文化添磚加瓦，無論是咖啡農、咖啡師，還是顧客，大家都在這場甘與甜的交響曲中，共同編織著屬於咖啡的未來。每當我捧起一杯咖啡，深吸一口那熟悉的香氣，心中便充滿了感激與敬畏，因為我知道，這杯咖啡背後蘊藏著多少人的心血與期待。

探索那隱藏在香氣背後的世界，咖啡的故事從未停止，它在每一個喧鬧的城市裡延續，並在每一個靜謐的角落中悄然綻放。這是咖啡的祕密，也是它帶來的詩意，讓我們在每一口中感受到生活的深邃與美好。

精品咖啡的魅力與文化

精品咖啡不僅僅是一杯飲品，更是一種文化、一段歷史的體現。

在當今的飲品市場中，精品咖啡以其獨特的風味和精緻的製作工藝，吸引了無數咖啡愛好者的目光。

精品咖啡的核心在於三大要素：**優質的莊園**、**精湛的烘焙技術**，**以及獨特的沖煮方式**。這些要素交織在一起，形成了豐富多彩的咖啡世界。

優質莊園

咖啡豆的旅程始於莊園。咖啡莊園通常位於高海拔地區，那裡的氣候與土壤條件最適合咖啡生長。哥斯大黎加的莊園以其優雅的風味著稱，當地農民世代相傳，精心照料每一株咖啡樹。尋豆師在這些莊園中穿梭，與農民交流，了解生長過程，並選擇最佳的豆子，將其帶回城市的咖啡館。

莊園的故事不僅僅關於土地與氣候，還包括農民的辛勤與熱情。每一顆豆子都承載著他們的心血，在每杯咖啡中悄然流淌。

烘焙技術的藝術

烘焙是將生豆轉化為香氣四溢咖啡的關鍵過程。這一環節需要精準掌控時間和溫度。烘焙師如同藝術家，透過不同的烘焙曲線，釋放出咖啡豆的潛在風味。淺烘焙保留了豆子的原始特性，展現出水果和花香的清新；深烘焙則帶來濃郁的巧克力和堅果風味。

過程中，烘焙師不斷試驗，從每一批豆子中學習，尋求最佳的風味平衡。這種對品質的追求，讓每一杯精品咖啡都充滿了獨特的個性。

沖煮技術的精髓

沖煮是將烘焙好的咖啡豆轉化為飲品的過程，這一環節充滿了儀式感。手沖金杯、虹吸壺和義式咖啡機等不同的沖煮工具，讓每杯咖啡都成為一種藝術表現。

沖煮咖啡的過程中，沖泡者需要掌握水溫、沖泡時間和咖啡粉的粗細，種種細節決定了咖啡的最終風味。每一次沖煮都是獨特的創作。

萃取技術的挑戰

萃取技術是咖啡製作中最具挑戰性的部分。如何在水與咖啡粉之間找到完美的平衡，讓咖啡的風味得以充分釋放，這需要經驗與直覺的結合。無論使用濾杯、法式壓濾壺還是義式咖啡機，每種萃取方法都有其獨特的魅力與風味。

咖啡愛好者需不斷嘗試與調整，才能找到最適合自己口味的萃取方式。這是探索的旅程，能讓人深刻體會咖啡的多樣性與豐富性。

咖啡品鑑的藝術

咖啡品鑑是一門感官藝術，透過視覺、嗅覺和味覺的結合，讓人深入了解咖啡的風味特徵。品鑑過程中，專業的咖啡品鑑師評估香氣、酸度、甜度、口感和餘韻，這些元素共同構成咖啡的整體風味。

品鑑咖啡時，咖啡愛好者不僅是品味一杯飲品，也是在體驗一段故事。每杯咖啡都承載著莊園的風土人情、烘焙師的心血以及沖泡者的熱情，形成多層次的感官盛宴，讓人感受到咖啡的深度與廣度。

國際咖啡賽事的盛會

隨著精品咖啡文化的興起，國際咖啡賽事如雨後春筍般出現。這類咖啡界的盛事不僅是技藝的較量，也是創意與靈感的碰撞。參賽者來自世界各地，帶著自己的咖啡故事，展示沖煮技術與風味創新。

賽事中，選手需展現出色的技術以及對咖啡的深刻理解。每位參賽者都希望透過這個平台，將自己的咖啡理念傳遞給更多人，這是一場關於咖啡的全球對話，讓人感受到咖啡的無限可能。

咖啡文化的演變

咖啡文化的演變可分為四個階段：第一波以便利與普及為主，咖啡成為日常生活的一部分；第二波則是品牌化的興起，連鎖咖啡店如星巴克等開始流行；第三波是精品咖啡的崛起，專注於咖啡的來源與製作工藝；第四波則強調全面探索與創新，注重可持續性與社會責任。

每個階段的演變反映出人們對咖啡的理解與追求，從簡單飲品到文化象徵，咖啡的故事依然延續著，並不斷吸引新一代的咖啡愛好者。

精品咖啡的世界如同一幅精緻的畫卷，從莊園到杯中，每個環節都充滿故事與熱情，優質莊園、精湛烘焙技術和卓越沖煮方法共同構成這幅畫卷。隨著咖啡文化的演變，品味不僅僅是享受咖啡，更是在體驗歷史文化。讓我們在這個充滿故事的咖啡世界中，繼續探索與發現，感受咖啡所帶來的美好，並一窺世界咖啡文化的變遷，細說精品咖啡平凡與卓越的交會！

咖啡豆煎焙交響曲

各地產區咖啡豆蘊藏著無限潛力，烘焙技術則是釋放這些潛力的藝術。

咖啡烘焙的神祕過程從脫水期到梅納反應，再到發展期。

脫水期：初露端倪

烘焙的第一階段是脫水期，這階段通常持續四到八分鐘左右。

在脫水期，生豆的水分開始蒸發，豆子表面逐漸變得乾燥。這不僅是物理上的變化，更是豆子內部化學反應的起點。隨著水分的蒸發，豆子的結構開始改變，為接下來的梅納反應鋪路。

這個階段的火力控制至關重要。過高的火力會導致豆子表面迅速變乾，無法充分釋放內部的水分；過低的火力則可能使豆子無法達到理想的脫水效果。

這就像一位舞者，必須在舞台上找到最佳的節奏，才能展現出最美的舞姿。

梅納反應：香氣的魔法

脫水期一結束，就進入了梅納反應的階段。

梅納反應是一種化學反應，當豆子加熱至一百四十℃左右，糖類和氨基酸開始反應，產生褐色物質和香氣。這個過程不僅賦予咖啡豆獨特的顏色，還讓我們的味蕾期待著即將到來的美妙風味。

在這個階段，風門的控制尤其重要。風門的開合會影響烘焙過程中的氣流，進而影響豆子的均勻受熱。適當的風門開度可以幫助豆子保持穩定的溫度，讓梅納反應充分發揮。

這就像一位指揮家，精確地控制著每一個樂器的音量，讓整首樂曲和諧動人。

發展期：風味的醞釀

當梅納反應達到高峰，就進入了發展期，也是烘焙過程中最關鍵的時刻，通常持續數分鐘。

在這段時間，豆子的風味開始逐漸展現，酸度、甜度和苦味之間的平衡變得愈加明顯。

在發展期，轉速控制成為了另一個重要因素。烘焙機的轉速將影響豆子的翻轉頻率，進而影響受熱的均勻性。適當的轉速可以確保每一顆豆子都能均勻受熱，從而釋放出最完美的風味。

這就像是在烘焙的舞台上，每一顆豆子都是主角，必須在正確的時機展現出自己的光彩。

音頻判斷：聆聽咖啡的心跳

烘焙過程中，豆子在鍋爐內的音頻變化也是一個重要的參考指標。

當豆子開始膨脹並釋放水分時，會發出嘶嘶聲；隨著溫度上升，聲音會逐漸轉變為爆裂聲。這就是大家所說的一爆和二爆。

一爆通常在一百九十℃（正負十℃）之間發生，這個豆子內部壓力釋放的瞬間往往伴隨著輕快的「啪」。這時豆子的風味開始變得更加明亮，酸度也隨之提升。

二爆則發生在二百二十℃至二百三十℃之間，是一個更劇烈的過程，豆子會發出更沉重的「劈啪」聲音，風味將變得更加濃郁，帶有巧克力和焦糖的香氣。

焙煎的藝術：淺焙、中焙、深焙的風味探索

不同的烘焙程度會帶來截然不同的風味體驗。

淺焙的咖啡豆通常保留了更多的原豆風味，帶有明亮的酸度和果香，像是一場清晨的露水，清新活潑；中焙則在淺焙的基礎上，增添了堅果和焦糖的香氣，風味更加圓潤，宛如午後的陽光，溫暖舒適；深焙的咖啡豆則展現出濃郁的巧克力和煙燻風味，帶有一絲苦味，像是夜晚的星空，深邃神祕。

烘豆曲線：編寫與校正的藝術

每一位烘焙師都應該學會編寫和校正自己的烘豆曲線。這是一個記錄烘焙過程中各項參數的工具，包括時間、溫度、火力、風門開度等。透過這些數據，便能回顧每一次烘焙過程，並且不斷地調整和優化，讓每一杯咖啡都能達到最佳風味。

編寫烘豆曲線時，建議記錄每一個階段的變化，並在每次烘焙後反思。這不僅是對技術的提升，更是對咖啡風味的深入理解。能夠用心記錄每一次變化，便能在未來的烘焙中，創造出更完美的風味。

咖啡的烘焙技術是一門結合科學與藝術的學問，每位熱愛咖啡的人都可以成為專業的烘焙師。只要用心去學習，去探索，去感受，便能在這片香氣四溢的世界中找到自己的位置。

感受每一顆豆子的能量，聆聽爆裂聲，品味咖啡的獨特風格，烘焙的旅程也是咖啡世界香味的探索。每位熱愛咖啡的人，都能在這條路上找到屬於自己的烘焙節奏與獨特風格。

品味水的藝術

在咖啡的世界裡，水質如同一位無形的藝術家，默默地塑造著每一杯咖啡的風味。水質的好壞、成分的差異、溫度的變化，皆在咖啡的萃取過程中扮演要角。

以下深入探討水質對咖啡的影響，並分析各種水的特性、沖泡技巧，以及如何選擇合適的水來提升咖啡的風味。

水質的重要性

水質是咖啡沖泡過程中最重要的因素之一。根據專業研究，水質的好壞直接影響咖啡的風味和香氣。水的純淨度、礦物質含量、pH值等，都會在咖啡的萃取過程中發揮作用。

水的純淨度

水的純淨度是指水中雜質的含量。自來水中可能含有氯、重金屬與其他化學物質，這些物質會影響咖啡的風味，使咖啡變得苦澀或有異味。選擇純淨的水源，如過濾水或礦泉水，能夠確保咖啡的風味更純粹。

礦物質含量

水中的礦物質成分對咖啡的風味影響深遠。常見的礦物質包括鈣、鎂、鈉和碳酸鹽等。礦物質不僅影響水的硬度，還會影響咖啡的酸度和甜度。

舉例來說，鈣能增強咖啡的甜感，並促進香氣的釋放。鎂有助於提高咖啡的風味複雜性，增強口感的厚度。過量的鈉則會使咖啡的味道變得鹹澀，應該適量控制。碳酸鹽則能中和咖啡的酸度，使口感更加圓潤。

pH值

水的pH值對咖啡的萃取也有影響。理想的pH值應在6.5至7.5之間，這樣的水能夠有效地提取咖啡的風味物質。如果水的pH值過低，咖啡會顯得過於酸澀；如果pH值過高，則可能使咖啡的風味變得平淡。

水的溫度

水的溫度是影響咖啡萃取的另一關鍵因素。不同的溫度會影響咖啡中的化學反應，從而改變最終的風味。

理想的沖泡溫度

一般而言，理想的沖泡溫度為九十℃至九十二℃之間。如此溫度範圍能夠有效提取咖啡中的香氣和風味物質。過高的溫度會導致過度萃取，使咖啡呈現苦澀的味道；過低的溫度則無法充分提取咖啡的香氣，導致咖啡味道平淡。

溫度對風味的影響

高溫沖泡能夠提取出更多的油脂和香氣，適合濃縮咖啡（Espresso），能夠呈現出濃郁的風味；低溫沖泡適合冷萃咖啡（Cold Brew），能夠減少苦味和酸度，帶來柔和的口感。

水的礦物質含量與成分

水中的礦物質成分對咖啡的風味影響深遠。不同的礦物質能夠改變咖啡的口感和風味層次。

鈣和鎂

鈣和鎂是水中最重要的礦物質。鈣能夠增強咖啡的甜感，鎂能提高咖啡的風味複雜性。研究表明，適量的鈣和鎂能夠使咖啡的風味更為豐富，增加口感的厚度。

鈉

鈉的含量應該適量控制。過多的鈉會使咖啡的味道變得鹹澀，影響整體的風味平衡。理想的水應該含有低量的鈉，以確保咖啡的風味不受影響。

碳酸鹽

碳酸鹽能夠中和咖啡的酸度，使口感更加圓潤。適量的碳酸鹽能夠提升咖啡的風味層次，讓咖啡的口感更加平衡。

水流速與壓力

水流速和壓力在咖啡沖泡中同樣扮演著重要角

色。不同的沖泡方法對水流速和壓力的要求各不相同。

水流速的影響

在手沖咖啡中，水流速的控制至關重要。過快的水流速可能導致萃取不均，造成咖啡的風味失衡；過慢的水流速則可能造成過度萃取，使咖啡的味道變得苦澀。理想的水流速應該能夠均勻地浸泡咖啡粉，促進風味的釋放。

壓力的影響

在濃縮咖啡的製作中，水的壓力是關鍵因素。高壓萃取能夠有效地將咖啡中的油脂和香氣物質萃取出來，形成濃郁的風味。一般而言，濃縮咖啡的萃取壓力應在九BP至十BP之間，這樣能夠達到最佳萃取效果。

水的種類

水的種類對咖啡的風味影響不容忽視。不同類型的水各具特性，選擇合適的水源能夠提升咖啡的風味。

自來水

自來水中可能含有氯、重金屬等雜質，會影響咖啡的味道。使用自來水沖泡咖啡時建議先過濾，去除不必要的雜質。

礦泉水

礦泉水的礦物質含量通常較高，能夠為咖啡增添風味層次。選擇礦泉水沖泡咖啡時應注意其礦物質的平衡，以確保咖啡的風味不受影響。

過濾水

過濾水是最理想的沖泡水源之一。經過過濾的水去除了雜質，保持水的純淨度，從而更出色地展現咖啡的本質風味。

《茶經》的啟示

古書《茶經》中提到的水的沸騰程度，對於沖泡咖啡同樣具有啟示意義。陸羽所述的「一沸」、「二沸」、「三沸」，在咖啡沖泡中也有其對應的意義。

一沸：輕微的響聲

在咖啡沖泡中，水的輕微響聲可以視為水的初步加熱，此階段的水溫通常在七十℃至八十四℃之間。這樣的水溫適合一些特殊的沖泡方法，如冷萃咖啡，能夠保留咖啡的清新風味。

二沸：鍋的邊緣有連珠般的泡

當水達到二沸時，水溫約在八十六℃至九十二℃之間，此時的水適合大多數的手沖咖啡。這個溫度範圍能夠有效提取咖啡中的香氣和風味物質，使咖啡的風味更加豐富。

三沸：水波翻騰

水達到三沸時，溫度通常超過了九十六℃，這樣的水溫適合製作濃縮咖啡。然而，過度加熱的水會導致咖啡的風味變得苦澀，因此應該避免長時間的煮沸。

老水的影響

古書中提到的「水老了，味不好」，在咖啡沖泡中同樣適用。長時間的煮沸會使水中的氧氣和其他成分流失，從而影響咖啡的風味。因此沖泡咖啡時應注意水的加熱時間，避免水質劣化。

水質對於咖啡的影響，猶如一位無形的指揮家，指揮著每一杯咖啡的風味交響曲。選擇適合的水質、溫度、流速和壓力，能夠讓咖啡的香氣與風味在口中綻放，讓每一口都成為一場味蕾的盛宴。正如《茶經》所述，水的狀態與品質直接影響茶的風味，對於咖啡而言，水的品質同樣不可或缺。唯有重視水質，才能釋放咖啡的真正潛力。

手沖咖啡的對話

在咖啡的世界裡，手沖咖啡是一種充滿藝術感的沖煮方式。它不僅能夠展現咖啡豆的多樣風味，更是與心靈的對話。每一次沖煮都是一場小型實驗，參數的調整可能會帶來截然不同的風味體驗。

探索五大參數調整的奧祕

以下深入探討手沖咖啡的五大參數：時間、刻度、粉量、水溫和粉水比，了解它們如何影響咖啡的萃取與風味。

時間：掌握萃取的節奏

時間是手沖咖啡中最關鍵的參數之一。每一杯咖啡的萃取時間都會直接影響風味的層次與豐富性。

一般來說，手沖咖啡的萃取時間通常在兩分鐘到四分鐘之間，但這並非固定標準，而是根據不同的豆子與沖煮方式加以變化。

前段萃取——在沖煮的前三十秒至一分鐘內，咖啡的酸度與果香會被提取出來。如果這段時間過長，可能會導致酸味過於突出，影響整體平衡感。

中段萃取——在一到兩分鐘的時間內，咖啡的甜感與醇厚度逐漸顯現。這階段是風味的核心，適當的萃取時間能夠讓咖啡的甜味與酸味達到最佳平衡。

後段萃取——兩分鐘後，咖啡的苦味與濃郁感會逐漸上升。如果這段時間過長，可能會導致咖啡的苦味過重，影響整體口感。

研磨刻度：粗細的藝術

研磨刻度是影響手沖咖啡風味的另一個重要參數。研磨的粗細會直接影響咖啡的萃取率與風味的表現。一般來說，研磨愈細，萃取速度愈高，但也容易導致過度萃取；相反，研磨愈粗，萃取速度愈低，但可能會導致萃取不足。

細研磨——適合短時間的沖煮方式，如濾掛式咖啡或義式濃縮。細研磨能夠快速釋放咖啡的香氣與風味，但過度萃取可能會使咖啡變得苦澀。

中等研磨——適合大多數的手沖咖啡。這種研磨程度能夠保持咖啡的豐富風味，同時也避免了過度萃取。

粗研磨——適合長時間的浸泡式沖煮，如法式壓濾。粗研磨能夠讓咖啡的風味更加乾淨，但可能會缺乏一些層次感。

粉量：濃淡的平衡

粉量多寡將直接影響咖啡的濃淡度。一般來說，粉量愈多，咖啡濃度愈高；相反，粉量愈少，咖啡濃度愈低。根據不同的沖煮方式與個人口味，粉量的調整至關重要。

高粉量——適合喜愛濃郁口感的咖啡愛好者。高粉量的沖煮方式能夠帶來豐富的風味層次，但也需要妥善控制萃取時間，以免過度萃取。

低粉量——適合喜愛清淡口感的咖啡愛好者。低粉量的沖煮方式能夠讓咖啡的酸度與果香更加突出，但可能會缺乏一些醇厚感。

水溫：香氣與甜感的關鍵

水溫是影響咖啡萃取的重要因素之一。一般來說，水溫在八十八℃到九十六℃之間是最理想的範圍。當然，也可以採用更低或更高的溫度去萃取咖啡，產生不同的風味。水溫高低會直接影響咖啡的香氣奔放與甜感滑順。

高水溫——適合淺焙咖啡或風味較細緻的豆

子。高水溫能夠釋放咖啡的酸度與果香，但也容易導致過萃的風險。

低水溫——適合深焙咖啡或風味較為濃郁的豆子。低水溫能夠保留咖啡的甜感滑順，但可能會影響萃取的速度（萃取不足之風險）。

粉水比：粉與水的比例

總液體量是影響手沖咖啡風味的另一個重要參數。粉與水的比例將直接影響咖啡的濃度與風味。一般來說，咖啡粉與水的比例在一：十四到一：十八之間較為理想，但可以根據個人口味調整。

高粉水比——適合喜愛清淡咖啡的愛好者。高粉水比能讓咖啡的酸度與果香更加突出，但可能會缺乏一些醇厚感。

低粉水比——適合喜愛濃郁咖啡的愛好者。低粉水比能帶來更濃厚的風味，但需要注意控制萃取時間。

物理、科學、數學的三角關係

物理

熱傳導與熱對流——在手沖咖啡的過程中，水的溫度對咖啡的萃取至關重要。熱水與咖啡粉接觸時，熱量會透過熱傳導的方式傳遞，並且在水中形成熱對流，將影響水的溫度分布和萃取效率。

流體力學——水流的速度和流量會影響咖啡的萃取。當水以不同的速度流過咖啡粉時，會影響咖啡的濃度和風味。手沖時，如何控制水流的速度和方向，就是一次流體力學的應用。

科學

化學反應——咖啡的萃取是一個化學過程。水中的溶解物質（如咖啡油、酸、糖等）會與咖啡粉中的成分發生反應，這樣才能釋放出咖啡的香氣和味道。不同的水溫和萃取時間會影響這些化學反應的進行，從而影響最終的風味。

酸鹼度——水的pH值會影響咖啡的萃取效果。

酸性水可能會萃取出更多的酸味，偏鹼性的水則可能會影響咖啡的整體風味。選擇合適的水質，對於手沖咖啡至關重要。

數學

比例與計算——手沖咖啡的配方通常需要精確的比例。咖啡粉與水的比例、萃取時間等，都需要透過數學計算加以確定。常見的比例是一：十五，即一克咖啡粉對十五毫升水，這樣的比例可以幫助我們獲得理想的濃度表現與風味呈現。

時間控制——萃取時間的長短也需要數學計算來控制。不同的萃取時間會影響咖啡的濃度和風味，透過實驗和計算可以找到最佳時間。

咖啡風味輪的探索

在探索咖啡風味的過程中，咖啡風味輪是一個不可或缺的工具，能夠幫助咖啡愛好者更好地理解咖啡的風味特徵，並提供方向去尋找咖啡風味的描述。咖啡風味輪上標示著各種風味，包括果香、花香、堅果、巧克力等，讓我們在品嘗咖啡時，能夠更清晰地辨識出不同的風味層次。

手沖咖啡的藝術不僅僅在於技術的掌握，更在於對咖啡的熱愛與探索。每一位咖啡愛好者都可以透過不斷的實踐與學習，成為一名專業的咖啡師。

手沖咖啡的獨白

手沖咖啡是一種非常受歡迎的沖泡方式，它能夠讓咖啡愛好者掌控每個細節，從而影響最終的風味。

以下是手沖咖啡的幾個主要參數及其對咖啡風味的影響。

沖泡時間

沖泡時間指的是水與咖啡粉接觸的時間。沖泡時間的長短會直接影響咖啡的萃取程度。

短時間沖泡

如果沖泡時間過短，咖啡中的香氣和風味物質可能無法充分萃取，導致咖啡味道偏淡，酸味突出，缺乏深度和層次感。

長時間沖泡

如果沖泡時間過長，咖啡中的苦味物質和澀粉類物質會過度萃取，可能導致咖啡味道變得苦澀，且口感變得不平衡。

粉量多寡

粉量是指在沖泡中使用的咖啡粉的重量。這個參數會影響咖啡的濃度和風味。

粉量多

使用較多的咖啡粉會讓咖啡的濃度增加，風味更加強烈，通常會帶來更豐富的口感和香氣，但如果沖泡時間不當，可能會導致過度萃取或萃取不足。

粉量少

使用較少的咖啡粉會使咖啡變得較為清淡，酸味和果香可能更加突出，但如果粉量過少，風味可能會變得單薄，缺乏層次感。

研磨粗細

研磨粗細是指咖啡粉的顆粒大小，這會影響水流通過咖啡粉的速度和萃取的均勻性。

粗磨

水流通過粗磨咖啡粉的速度較快，萃取時間較短，通常適合快速沖泡的手法，如法式濾壓壺。粗磨會使咖啡味道清新，但可能會缺乏深度。

細磨

水流通過細磨咖啡粉的速度較慢，萃取時間較長，適合需要較長萃取時間的沖泡手法，如義式濃縮。細磨可以帶來更濃郁的風味，但如果沖泡時間過長，容易導致過度萃取。

水溫高低

水溫是指用來沖泡咖啡的水的溫度，這會影響咖啡的萃取速率和風味。

高溫水

高溫水（通常在九十℃到九十六℃之間）能夠更有效萃取咖啡中的油脂和香氣，通常會帶來更濃郁的風味。然而，過高的水溫可能會使咖啡變得苦澀。

低溫水

低溫水（通常在八十℃到九十℃之間）萃取速

度較慢，可能會導致咖啡的甜感和果香更加突出，但若水溫過低，則可能無法充分萃取出咖啡的風味物質。

手法技巧

手法技巧包括了沖泡方式、速度、注水方式等，這些都會影響咖啡的萃取均勻性。

沖泡時，均勻地注水可以確保咖啡粉的每一部分都均勻接觸到水，從而達到最佳萃取效果。注水的速度也會影響萃取程度，注水過快可能導致萃取不均，注水過慢則可能使得某些部分過度萃取。

手沖咖啡的手法與技巧有許多不同的沖泡方式和技巧。以下是常見手法的優缺點分析。

圓形注水法

圓形注水法是將水以圓形的方式均勻地注入咖啡粉中，通常從中心開始，然後向外擴展，最後再回到中心。

優點方面——一是均勻萃取，能夠確保咖啡粉的每一部分都能均勻接觸到水，從而達到最佳萃取效果。二是控制風味，可以根據注水的速度和範圍來調整咖啡的風味，讓酸味、甜味和苦味達到平衡。

缺點方面——一是技巧要求高，需要一定的技巧和經驗才能掌握注水速度和範圍，對於初學者來說可能較難。二是耗時，相對於其他注水方式，圓形注水法可能需要更多的時間。

點滴注水法

點滴注水法是將水以小量的方式逐滴注入咖啡粉中，通常是在每次注水後，等待水完全滲透，再進行下一次注水。

優點方面——一是精確控制，能夠非常精確地控制每次注水的量，適合調整萃取的深度和強度。二是適合不同粉量，對於不同粉量的咖啡都能進行精細調整，適合多種咖啡風味的萃取。

缺點方面——一是耗時，可能需要較長的時間來完成沖泡，對於急於飲用的人來說可能不太方便。二是技術要求高，需要一定的技巧來確保每次注水的均勻性和準確性。

分段注水法

分段注水法是將整個沖泡過程分成幾個階段，每個階段使用不同的注水量和時間。例如，第一階段使用較少的水量，讓咖啡粉預浸，然後再進行第二階段的注水。

優點方面——一是提升風味層次，能透過不同的注水方式來強調咖啡的不同風味層次，讓整體風味更加豐富。二是控制萃取時間，能夠更精準控制每個階段的萃取時間，避免過度萃取或萃取不足。

缺點方面——一是複雜性，需要針對每個階段的時間和水量進行精確計算，對於新手來說可能較複雜。二是時間成本，可能需要較長的時間，不太適合忙碌的生活方式。

快速注水法

快速注水法是將水快速地注入咖啡粉中，通常適用於較細的咖啡粉，且沖泡時間相對較短。

優點方面——一是快速方便，適合忙碌的早晨或需要快速沖泡咖啡的情境，能夠節省時間。二是保留清新感，通常較能保留咖啡的清新感和酸味，適合淺焙咖啡。

缺點方面——一是萃取不均，如果注水速度過快，可能導致萃取不均，某些部分過度萃取而某些部分萃取不足。二是風味單一，可能無法充分展現咖啡的複雜風味，導致味道較為單一。

側面注水法

側面注水法是將水從濾杯的側面注入，以避免直接沖擊咖啡粉，適合較細的咖啡粉。

優點方面——一是減少過度萃取，由於水不會直接沖擊咖啡粉，可以減少過度萃取的風險，特別是細磨咖啡。二是控制流速，能夠更好地控制水流的速度，適合需要精細調整的沖泡方式。

缺點方面——一是均勻性挑戰，如果不注意，可能會導致某些部分的萃取不均，影響整體風味。二是技巧要求，需要一定的技巧來掌握注水的角度和速度，對初學者來說可能較難。

總結來說，手沖咖啡的每一個參數都可以影響最終的風味和口感，掌握這些參數的調整能夠幫助你製作出符合自己口味的咖啡。

虹吸壺咖啡

虹吸壺咖啡是咖啡世界裡的優雅舞者，以其獨特的萃取方式和精緻的外觀吸引著無數咖啡愛好者的目光。虹吸壺不僅是一種咖啡沖煮器具，每一次沖煮也是一場充滿激情與創意的舞蹈，讓人在香氣與味覺的交錯中感受咖啡的多彩多姿。

虹吸壺的魅力

虹吸壺的外觀是透明玻璃，曲線流暢，讓人一見傾心。壺的每一個部件都經過精心設計，從底部的水壺到上方的咖啡壺，彼此的連結猶如音符之間的唱和，完美展現著咖啡沖泡的藝術。

將水倒入底部的水壺、將虹吸壺置於火源上的

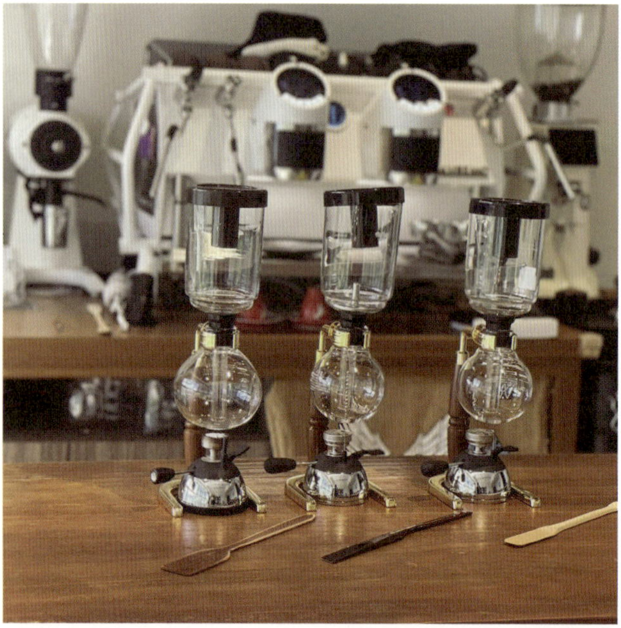

準備工作就像是交響樂團的排練，為即將到來的音樂盛宴鋪陳背景。隨著火焰升起，水開始加熱，逐漸形成蒸汽，這股蒸汽如同前奏，預示著一場美妙的風味之旅即將展開。

虹吸壺的設計靈感源於物理學中的虹吸原理，利用加熱水的蒸汽壓力將水推至上部容器，然後再利用壓力差將咖啡液體回流至下部容器。此一過程不僅視覺上令人驚豔，更能精確控制咖啡的萃取過程，從而影響最終的風味。

過程中，攪拌技巧的運用至關重要。每一種攪拌方法都能為咖啡帶來不同的風味層次，讓我們的味蕾在每一口中都能感受到獨特的變化。

攪拌技巧的多樣性

在虹吸壺的沖泡過程中，攪拌技巧就如同舞者的每一個動作，精確而富有表現力。每一種攪拌方式都能影響咖啡的風味，品味起來能感受到不同的層次與深度。每一種攪拌技巧也都是一種藝術表達，能讓我們在咖啡的世界中找到自己的風格。

以下每一種獨特的攪拌技巧都如同一段旋律，讓味蕾隨之起舞。

直波攪拌

這種攪拌方法簡單而直接，透過前後直線的攪拌動作，讓水與咖啡粉充分接觸。直波攪拌適合初學者，能夠快速均勻地混合咖啡粉和水，釋放出基本的香氣和風味。

扇波攪拌

這種攪拌方法是將攪拌棒輕輕地在咖啡粉液中畫出扇狀，讓咖啡粉在水中充分接觸，以避免過度攪拌帶來的苦味。扇波攪拌適合追求細膩風味的咖啡愛好者。

半圓攪拌

半圓攪拌法是將攪拌棒在容器中畫出半圓弧形，這樣做能讓水流動得更加強烈並產生對流效果，適合萃取出飽滿厚實的風味，能夠提升咖啡的甜度和醇厚度。

S形攪拌

S形攪拌法是以8字的方式攪拌，以在攪拌過程中產生更多的萃取，促進水流的循環，讓咖啡粉與水的接觸更加充分，從而提升香氣與風味的釋放。

鏟式攪拌

鏟式攪拌法是將攪拌棒放平，像鏟子一樣在咖啡液中輕輕翻動，這種方法能夠有效地將底部的咖啡粉攪拌上來，避免沉澱，適合需要均勻萃取的咖啡。

划式攪拌

划式攪拌法是將攪拌棒輕輕滑過咖啡粉液的表面，繞著上壺邊緣內輕輕划動，這樣可以減少對咖啡粉的干擾，適合追求清新幽雅口感的咖啡。

撇式攪拌

撇式攪拌法是將攪拌棒在咖啡液中加強力道撇動，這樣能為浮在表面的咖啡物質增加萃取效果，讓咖啡的口感更加有厚度與層次變化。

揉式攪拌

揉式攪拌法是將攪拌棒像揉麵團一樣在咖啡粉液中靠著杯緣輕輕揉動，這種手法能夠幫助咖啡粉與水充分融合，適合需要強烈萃取的咖啡。

轉式攪拌

轉式攪拌法是將攪拌棒在咖啡液中旋轉，以產生均衡萃取的效果，促進咖啡粉的均勻萃取，適合追求平衡風味的咖啡。

混合攪拌

混合攪拌法是將多種攪拌技巧結合在一起，根據咖啡豆的特性和個人口味來調整，以探索出更多的風味層次。這種複雜而富變化的攪拌方式就像舞者交錯的步伐，能夠讓咖啡的風味在口中交融，帶來意想不到的驚喜。

火力的控制

火力的控制需要敏銳的感知和精確的時間掌控。在虹吸壺的沖泡過程中，火力的控制就如同舞台上的燈光，影響著整場表演的氛圍。

沖泡時，要隨時觀察水的變化，調整火力，確保咖啡的萃取達到最佳狀態。這就像指揮家必須在每一個音符之間找到完美的平衡，讓整首交響曲和諧動人。

不同火源，瓦斯、酒精燈或紅外線光爐，各有其獨特性，對咖啡的萃取率和風味各有深遠影響。

瓦斯式火源

能提供穩定強勁的熱能，也能迅速加熱水，適合需要快速萃取的咖啡。瓦斯式火源的火焰舞動如同激情的舞者，讓整個過程充滿活力。

酒精燈式火源

能提供柔和穩定的熱能，適合細膩的咖啡沖泡。酒精燈的火焰如同溫暖的燭光，讓整個過程充滿浪漫的氛圍。

紅外線光爐式火源

能夠精確控制溫度，適合追求完美的咖啡愛好者。紅外線的熱能如同無形的手，輕柔地撫摸著咖啡，讓每一口都充滿細膩的風味。

時間的掌控

在虹吸壺的沖泡過程中，時間掌控是不可忽視的因素。每一個階段的時間都影響著咖啡的風味，從水的加熱到咖啡的萃取，每一刻都是珍貴的。任何攪拌方法和火力的選擇也都需要根據時間的長短來調整，才能達到最佳萃取效果。

時間的掌控需要專注與耐心，而且正是這份用心，讓每一杯咖啡都成為獨特的藝術品。請用心感受，抓住每一個香氣與風味的瞬間。

加熱階段

加熱階段要觀察水的變化，隨著溫度的上升，水開始冒出蒸汽，這是咖啡即將展開的前奏。把握這個時刻，讓火焰的熱度恰到好處。

萃取階段

當水上升到上方的咖啡壺時，就是萃取的關鍵時刻。根據咖啡粉的特性和個人口味精確控制時間，讓每顆咖啡豆的風味都能充分釋放。

冷卻階段

沖泡結束後，咖啡需要冷卻，這個過程同樣重要。冷卻的時間會影響咖啡的口感和香氣，耐心等待，讓每一口都能展現最佳風味。

咖啡豆的性質

任何產區的咖啡豆都有其獨特的性質，這些性質決定了咖啡的風味與口感。選擇咖啡豆時，我們需要了解其來源、品種和烘焙程度，這些因素都會影響最終的風味。

來源

咖啡豆的產地對風味有著深遠的影響。不同地區的氣候、土壤和栽培方式都會賦予咖啡豆獨特的個性。例如，哥倫比亞的咖啡豆以其明亮的酸度和果香聞名，巴西的咖啡豆則以其濃郁的巧克力風味著稱。

品種

咖啡豆的品種同樣影響著風味。阿拉比卡豆通常帶有較高的酸度和複雜的風味，羅布斯塔豆的口感則較為濃烈，帶有明顯的苦味。了解不同品種的特性，就能選擇最符合自己口味的咖啡豆。

烘焙程度

烘焙程度對咖啡的風味影響巨大。淺焙保留了更多的原豆風味，酸度明亮；中焙則在酸度和甜度之間取得平衡；深焙則展現出濃郁的焦糖和巧克力風味。選擇合適的烘焙程度，能讓咖啡體驗更加豐富。

感官的平衡

在虹吸壺咖啡的沖煮過程中，香氣、風味和餘韻的平衡至關重要。學會如何在沖煮過程中精準地抓住這些元素，每一杯咖啡就能帶來完美的感官享受。

香氣

香氣是咖啡的靈魂，透過適當的攪拌和火力控制，我們可以在沖煮過程中釋放出咖啡的香氣。攪拌時注意觀察香氣的變化，適時調整攪拌方法，讓香氣在空氣中飄散。

風味

風味是咖啡的核心，透過精確的時間控制和攪拌技巧，我們可以讓咖啡的酸度、甜度和苦味達到最佳平衡。根據咖啡豆的特性，適當調整萃取時間，讓風味層次更加豐富。

餘韻

餘韻是品嘗咖啡後留下的印象，良好的餘韻能讓人對咖啡回味無窮。沖煮時注意控制攪拌的力度和時間，讓餘韻更加悠長。

虹吸壺咖啡的沖煮過程是一場風味的舞蹈，當我們走進虹吸壺咖啡的世界，任何攪拌動作是一種技巧與魅力，火力大小的控制是細微且大膽的評估，並細細品味每一杯咖啡的獨特風味。在沖泡的過程中享受它回饋的香氣繚繞，是一段嗅覺感官的探索之旅。找到屬於自己的浪漫與藝術美學，也融入科學家的實驗精神去發現新的風味領域。

義式咖啡的風味之旅

在咖啡的世界裡，以濃郁風味和豐富口感吸引著無數咖啡愛好者的義式咖啡（Espresso）是一種獨特的存在。義式咖啡的魅力，在於其精緻的萃取過程充滿了科學與藝術的結合。

研磨與壓粉的流程

首先，選擇優質的咖啡豆是成功的關鍵。義式咖啡通常使用深度烘焙的咖啡豆，以帶出其獨特的香氣與風味。將咖啡豆研磨至細粉狀，顆粒的均勻性至關重要，因為會直接影響到萃取效果。理想的研磨度應該像細沙一樣，細膩，卻不至於過於粉末狀。

接下來，將研磨好的咖啡粉放入咖啡手柄中壓粉。利用壓粉器將咖啡粉均勻且穩定地壓實，壓力應該保持在十五至二十公斤之間。壓粉的步驟非常重要，因為它能確保水流過咖啡粉的速度均勻，從而達到最佳萃取效果。

萃取時間與濃縮咖啡的容量掌控

完成壓粉後，將手柄安裝到咖啡機上，開始萃取。

Espresso 的萃取時間通常在二十五至三十秒之間（時間參數可依照風味調整），熱水以九BP至十BP的壓力穿過咖啡粉，提取出濃郁的香氣和風味。一杯理想的 Espresso 容量大約為三十毫升，這樣能夠保留咖啡的濃厚口感與豐富的油脂。

萃取過程中，觀察咖啡液的流動非常重要。理想的 Espresso 應該呈現出均勻的金色 crema，這層油脂不僅是 Espresso 的標誌，也是其風味的精華。若萃取時間過長，咖啡會變得苦澀；若萃取時間過短，則會顯得酸澀。妥善掌握萃取的時間和容量，能夠讓 Espresso 的風味達到最佳平衡。

打細緻綿密的奶泡

接下來進入奶泡的製作。打奶泡的關鍵在於選擇新鮮的全脂牛奶，其脂肪含量能夠提供更豐富的口感和更細緻的泡沫。將牛奶倒入拉花鋼杯中，約占杯身的三分之一，預留足夠的空間擴張泡沫。

使用蒸汽噴嘴時，將噴嘴稍微浸入牛奶表面，並開啟蒸汽。此時，牛奶會開始旋轉，形成漩渦。注意控制噴嘴的深度，當泡沫開始形成時，輕輕地將噴嘴向下移動，這樣可以讓空氣進入牛奶，產生細緻的泡沫。

發奶的時間約為十秒到三十秒（視咖啡機蒸汽強度狀況而定），直到牛奶的溫度達到五十五℃至

六十℃，這樣的溫度能夠保持奶泡的質感與風味。

拉花的藝術

奶泡打好後，便進入拉花的環節。拉花是一門技術與藝術的結合，將打好的奶泡輕輕倒入已經萃取好的 Espresso 中，這時候要注意倒的角度與速度。

一開始時，將拉花杯口靠近咖啡杯，讓奶泡緩緩流入，然後逐漸抬高壺口，讓奶泡在咖啡表面形成一層白色的漣漪。

奶泡一接觸到 Espresso 表面，開始拉花。輕輕晃動鋼杯，讓奶泡在咖啡中舞動，形成各種美麗的圖案。這個過程需要耐心與練習，因為每次拉花都是全新的創作。當白雪如絮的軌跡在曜石黑般的咖啡裡揮舞作畫，恰似彩繪生活的浪漫。

注意的細節

拉花時，有幾個細節需要特別注意。首先，奶泡的質感必須細膩且光滑，這樣才能形成完美的圖

案。其次，倒奶的速度與角度要掌握得當，過快或過慢都會影響最終成果。最後，保持專注，享受這個創作的過程，因為每一杯 Espresso 都是獨一無二的藝術品。

義式咖啡的萃取過程如同一場浪漫的舞蹈，從研磨到壓粉，從萃取到打奶泡，都需要專業的技巧和細膩的心思。當 Espresso 與奶泡相遇，便誕生了無數美麗的瞬間。讓我們在這杯咖啡中，品味生活的藝術，感受那份浪漫與專業的結合。

咖啡拉花的藝術

在咖啡的世界裡，有一種藝術形式如同晨曦中的露珠，晶瑩剔透，令人驚豔，那便是咖啡拉花。

這項技藝不僅僅是將奶泡與濃縮咖啡完美結合，更是創意與技術的華麗舞蹈。每一杯拉花咖啡都是咖啡師心血的結晶，展現了他們對咖啡的熱愛與追求。

拉花的基礎：奶泡的藝術

拉花的核心在於奶泡的製作。細緻的奶泡是拉花成功的關鍵，而奶泡需要經過精心的打發與調整。

首先，選擇新鮮的全脂牛奶，因為它能提供最

佳乳脂，讓奶泡更加綿密。

接著，將牛奶倒入拉花鋼杯中，用蒸汽噴嘴輕輕地打發。過程中，牛奶的溫度必須控制在五十五℃到六十℃之間，溫度過高會使奶泡失去光澤，影響拉花效果。

咖啡師打發奶泡的過程就像是藝術家在畫布上揮灑顏料，需要用心感受奶泡的質地與狀態。當奶泡達到理想的細膩度時，便可以著手拉花創作了。這一瞬間，白色的奶泡悠游在黑澤的濃縮咖啡裡，宛如白色的畫筆在畫布上自由舞動，勾勒出一幅幅美麗的圖案。

拉花的技巧：從簡到難的進階

拉花的圖案有許多種，從最基本的愛心、鬱金香，到更高難度的對流鬱金香、動物組合圖，每一個圖案都需要咖啡師的巧手與創意。

愛心

最簡單的拉花圖案，適合初學者。將奶泡從高處倒入濃縮咖啡中，隨著倒入的速度變化，輕輕地左右搖動，最後一個快速的向上拉，便可形成一顆愛心。

鬱金香

這個圖案需要更多的技巧。首先，倒入奶泡時要保持穩定，然後輕輕地上下移動，形成花瓣的效果，最後在中心點拉出一條線，便可完成鬱金香的形狀。

葉子

這個圖案需要更高的控制力。咖啡師在倒奶泡的同時，得利用手腕的轉動創造出葉子的曲線，讓整個圖案看起來生動而自然。

對流鬱金香

這個高難度的圖案需要咖啡師在倒奶泡的過程

中，快速地改變倒入的角度，讓奶泡在咖啡表面形成漩渦，最終呈現出一朵立體的鬱金香。

動物組合圖

拉花藝術的巔峰之作。咖啡師需要結合多種圖案，創造出可愛的動物形象。不僅考驗技巧，也考驗創意與想像力。

每一個拉花圖案的創作都是對咖啡師技術的挑戰，而每一次的練習都是他們毅力與決心的體現。在拉花過程中，咖啡師必須不斷檢視自己的萃取流程，確保每一杯咖啡都達到高標準，這樣才能展現出專業精神與台風。

拉花的藝術與科學：溫度與萃取的影響

在咖啡拉花的世界裡，科學與藝術並行不悖。奶泡的溫度、濃縮咖啡的萃取時間，這些細節都會影響到拉花的效果。

奶泡的溫度

奶泡的理想溫度在五十五℃到六十℃之間。若溫度過低，奶泡不夠細膩，無法形成理想的圖案；若溫度過高，則會導致奶泡變得粗糙，影響拉花的融合度。控制奶泡的溫度是每位咖啡師必須掌握的基本功。

濃縮咖啡的萃取

濃縮咖啡的萃取時間通常在二十五秒到三十秒之間，這段時間內，咖啡的油脂與香氣會充分釋放，形成理想的咖啡基底。如果萃取過度，咖啡會變得苦澀，影響拉花的流動性；若萃取不足，則會導致咖啡味道淡薄，無法承載奶泡的美感。咖啡師需要以高標準檢視每一杯咖啡的萃取流程，以確保每一杯都完美呈現。

拉花的創意：咖啡師的心靈之作

咖啡師站在咖啡機前，手握著拉花鋼杯時，不僅是在創作一杯咖啡，更是在表達自己的情感與創意。每一個拉花圖案背後，都蘊藏著咖啡師的靈感與故事。

例如，某個清晨，咖啡師可能會受到陽光灑落在窗邊的啟發，創作出一朵盛開的玫瑰花；某個雨天，咖啡師或許會用流動的線條勾勒出一隻可愛的貓咪，帶給顧客一絲溫暖的慰藉。

拉花圖案不僅僅是咖啡的裝飾，更是咖啡師對生活的詮釋、對顧客的關懷。

成為專業咖啡師的旅程

對於渴望成為專業咖啡師的人來說，拉花藝術是一條充滿挑戰與成就感的旅程。這條路並不容易，卻充滿了無限的可能性。

持之以恆的練習

拉花技巧需要不斷地練習與磨練。每次失敗都是學習的機會，咖啡師得在每次創作中尋找不足之處，並加以改進。

不斷的學習

咖啡的世界廣闊而深邃，咖啡師需要不斷學習新的技術與知識，了解不同咖啡豆的特性，掌握各種沖煮方法，才能在拉花的道路上愈走愈遠。

分享與交流

與其他咖啡師的交流與分享同樣是成長的重要一環。參加咖啡比賽或者加入咖啡社群，都是提升自我的好機會。透過交流，咖啡師可以互相學習，激發靈感，共同進步。

每一杯咖啡的浪漫

咖啡拉花藝術如同一場華麗的表演，每杯咖啡都是咖啡師心靈的延伸。過程中不僅能感受到咖啡的香氣與味道，更可以感受到創作的樂趣與成就感。

無論是咖啡愛好者還是渴望成為專業咖啡師，記住，每一杯咖啡都有獨特的故事。只要用心感受、用心創作，便能在咖啡的世界裡找到屬於自己的浪漫與專業。每一個技術的關鍵都是重點，每一個圖案都是靈感的結晶，透過咖啡的視覺傳遞，香氣與風味的感受，在咖啡的藝術中尋找那份悸動。

周正中老師冠軍作品

周正中老師冠軍作品

拉花的奮鬥與夢想

十五年前，我懷著對咖啡的熱愛與探索，踏上了這條充滿挑戰的拉花之路。那時的我，對拉花技術的了解僅限於一杯杯香濃的咖啡，卻不知道這將成為我生命中最重要的部分。

我的咖啡旅程始於一間小小的咖啡館。那時我還是一名普通的社會人士，對咖啡的認識僅僅停留在「喝」的層面。一次偶然的機會讓我走進了那間咖啡館，看到咖啡師在咖啡杯上拉出美麗的圖案，心中不禁產生了強烈的好奇與嚮往。那一刻，我知道自己想探索的不僅僅是咖啡的味道，更是那背後的藝術與技術。

我開始自學拉花技術。

初學的日子裡，我面對著無數次的失敗與挫折。每一次拉花的嘗試都是一次與自我的對話，尋找著那份完美的平衡與和諧。

最初，我對於牛奶的泡沫控制毫無頭緒，圖案要不是模糊不清，不然就是根本無法成型。看到其他咖啡師拉出完美的心形或天鵝湖，我心中充滿了羨慕與不甘。

一次次練習中，我逐漸意識到，拉花不僅僅是技術的堆砌，更是心境的修煉。每次拉花，我都告訴自己要放鬆，讓心靈與手指協調一致。這樣的心態讓我在失敗中找到了成長的契機。隨著時間推移，我的技術有了明顯的進步，但這並不意味就此停下來。

在比賽的舞台上，我常常感受到來自各方的壓

力與競爭。每一次比賽都是技術和心理素質的考驗。那段時間我參加了各種大小比賽，獲得了多次冠軍殊榮。每當站上頒獎台，聽到自己的名字被宣布，心中的激盪與感恩難以言喻。

最令我自豪的，莫過於二〇一九年在義大利米蘭的國際拉花大賽上獲得LAGS金盃，這是國際上最高的考官認證。那一刻，我的心緒澎湃，充滿感激，因為贏得的榮耀不僅是為自己，也歸屬整個台灣咖啡文化界。

回想比賽過程，從初賽到決賽，每一個環節都充滿挑戰。特別是決賽對手都是來自世界各地的頂尖咖啡師，他們的技術讓我感到壓力重重。

比賽當下，我選擇了一個自己最擅長的圖案，那是多次淬煉的成果。站在比賽台上，面對著評審和觀眾，我既緊張又期待，隨著牛奶的倒入，手開始自然而然地動了起來，心中默念著每一個細節，最終成功地拉出了理想中的圖案。當評審們給予高分時，我知道，這不僅是對我技術的認可，也是對我多年努力的肯定，更是對我不懈追求的回報。

然而，這一切的成就並非一帆風順。我曾經不被看好，甚至遭遇過質疑與挫折。特別是因為我聽不見，牛奶發泡的過程對我來說成了巨大的挑戰。看到其他咖啡師操作時能夠聽到機器的聲音與周圍的反饋，心中難免有一絲羨慕，但我始終堅持著自己的信念，將這些困難視為成長的機會。

我開始尋找其他方式來克服這類障礙。例如練習時請朋友幫忙觀察，轉告每一步細節，以便更理解操作過程。諸如此類的努力讓我逐漸適應了這種特殊的環境，並在技術上取得了顯著的進步。

隨著時間推移，我不僅追求個人夢想，還希望能夠回饋我熱愛的咖啡圈。

我在台灣舉辦了四場「拉花之神盃」拉花大賽，為選手們提供一個展示才華的舞台，讓更多人感受到拉花的魅力。每當看到新人選手在舞台上揮灑自如，我心中都充滿了欣慰與驕傲。

我也積極舉辦拉花分享會和團練，將技術與心得傳授給更多咖啡愛好者。每一次教學我都全心投入，希望能夠幫助更多人實現他們的拉花夢想。我經常在課堂上分享自己的失敗經歷，告訴學員們失敗並不可怕，重要的是如何從中學習與成長。

如今，當大家提到「拉花之神」，我無比自豪，但同時心存謙卑。這個稱號不僅是對我技術的肯定，更是對我心血的回報。我相信拉花不僅是一門技術，更是一種藝術。每一杯咖啡都是一個故事，拉花則是這個故事的表達。

在拉花創作歷程上，我經常嘗試不同的風格與技術，將傳統與創新互相結合。這樣的探索讓我在拉花的過程中不斷發現新的可能性。創作出一個新圖案心中湧起的成就感，每每更堅定了我繼續探索的決心。

今天，我依然活躍在咖啡圈的舞台上，將自己的技術傳承下去。希望我的故事能夠激勵更多的人，無論面對什麼困難，只要堅持自己的夢想，勇敢追求，一定能夠迎來屬於自己的光芒。拉花的藝術正如人生的旅程，都是不斷的探索與成長。

未來，我希望能夠將自身經驗與技術推廣到更廣泛的範圍，讓更多人了解拉花的魅力：計畫開設更多工作坊與國際咖啡師交流，分享彼此的技術與心得。這不僅是自我挑戰，也是推廣咖啡文化。

在這條充滿挑戰的路上，我明白了堅持的重要性，也體會到了夢想的力量。每一杯咖啡的背後，都有著無數的努力與汗水。未來的日子裡，我將繼續在這條路上前行，尋找那份美好與夢想的實現。讓我們一起在這杯咖啡中，感受生活的每一個瞬間，珍惜每一次的相遇與分享。

完美的對流葉子

咖啡店市場的崛起

在快節奏的現代，隨著咖啡文化興起，咖啡店市場也不斷發展著，從自家烘焙店到獨立咖啡館，

再到咖啡連鎖店，每一種形式都有其獨特的魅力和挑戰。不同類型的咖啡店各有什麼優缺點呢？

自家烘焙店：香氣四溢的夢想

自家烘焙店是充滿個人色彩的空間，裡頭的每一杯咖啡都承載著烘焙師的心血與創意。自家烘焙的咖啡豆能夠根據顧客的需求調整，如此靈活性使得每一杯咖啡都獨具特色。

優點

品質掌控——自家烘焙能夠確保咖啡豆的新鮮度與品質，讓顧客品味到最純正的咖啡風味。

創新空間——烘焙師可以自由探索不同的烘焙方法，創造出獨特的風味，吸引愛好者前來品嘗。

顧客互動——顧客能夠參與烘焙過程，增強了與咖啡的情感連結。

缺點

成本高昂——自家烘焙需要投入大量的設備與時間，初期成本較高。

技術要求——烘焙技術的掌握需要經驗與專業知識，對新手來說是一大挑戰。

獨立咖啡館：藝術與社交的交融

獨立咖啡館通常以其獨特的裝潢和氛圍吸引顧客，不僅是喝咖啡的地方，更是藝術創作和社交的空間。每一家獨立咖啡館都有自己的故事，讓顧客在品味咖啡的同時感受其文化熏陶。

優點

獨特性——每家獨立咖啡館都有自己的風格，顧客可以找到與眾不同的體驗。

社區感——獨立咖啡館往往與當地社區緊密相連，成為人們交流與聚會的場所。

支持本地藝術家——許多獨立咖啡館會舉辦藝術展覽或音樂活動，為本地藝術家提供展示平台。

缺點

經營壓力——獨立咖啡館的經營者需要面對激烈的市場競爭，經營壓力較大。

資源有限——相較於連鎖店，獨立咖啡館的資源和支持較少，可能影響其發展。

咖啡連鎖店：便利與品牌的力量

咖啡連鎖店如星巴克等，憑藉其強大的品牌效應和便利的地理位置，迅速占領市場。通常提供穩定的產品品質和服務，吸引了大量的顧客。

優點

品牌認知度——連鎖店的品牌效應使得顧客對其產品有一定的信任感。

穩定性——連鎖店的營運模式成熟，能夠提供穩定的產品與服務。

便利性——遍布各地的連鎖店使得顧客隨時隨地都能享受到咖啡的便利。

缺點

缺乏個性——連鎖店的統一風格可能讓顧客缺乏新鮮感。

競爭壓力——面對獨立咖啡館的崛起，連鎖店需要不斷創新以保持市場競爭力。

地理歷史特色的咖啡店：文化的傳承

通常位於歷史悠久的地區，店內裝潢和咖啡選擇都與當地文化密切相關。這裡的咖啡不僅是一杯飲品，更是一段歷史的體現。

優點

文化體驗——顧客在品嘗咖啡的同時，能夠感受到當地的歷史與文化。

吸引旅客——獨特的地理位置和文化背景吸引了大量旅客，成為熱門打卡地。

故事性——每一杯咖啡背後都有故事，讓顧客在品味中感受到情感的共鳴。

缺點

市場局限性——地理位置的限制可能影響顧客的流量。

維護成本——歷史建築的維護和裝潢可能需要較高的成本。

咖啡教學課的店：知識的分享

隨著咖啡文化的普及，愈來愈多咖啡店開始提供教學課程，讓顧客不僅能品嘗美味的咖啡，還能學習咖啡的知識與技巧。

優點

知識增長——顧客能夠學習到專業的咖啡知識，提升自身的咖啡品味。

互動性強——教學課程提供了良好的互動平台，促進了顧客之間的交流。

品牌忠誠度——提供教學課程的咖啡店能夠吸引更多忠實顧客。

缺點

資源需求——開設教學課程需要專業的師資和設備，對於小型咖啡店來說可能是挑戰。

時間安排——課程的安排需要考慮顧客的時間，可能會影響平日營運。

咖啡工作室：創意的實驗室

咖啡工作室是指專注於咖啡創新的空間，這裡的咖啡師可以自由探索不同的咖啡風味和沖泡方法，為顧客帶來獨特體驗。

優點

創新驅動——工作室的環境鼓勵創新，能夠不斷推出新穎的咖啡產品。

專業性強——專注於咖啡的研究和實驗，能夠提供高品質的咖啡體驗。

社群建立——吸引咖啡愛好者聚集，形成熱愛咖啡的社群。

缺點

市場認知度低——相較於連鎖店，咖啡工作室的知名度可能較低，需要時間來建立品牌。

經營風險——創新的產品可能面臨市場接受度的挑戰，經營風險較高。

開咖啡店就像是一場精彩的冒險，充滿了無限的可能性和挑戰！

想像一下，你站在一間充滿香氣的咖啡館裡，四周環繞著顧客的笑聲和咖啡機的嘶嘶聲，這就是你夢想中的地方！

然而，夢想成真的過程中，需要牢記以下關鍵事項。

首先，市場調查是冒險的第一步。你需要像偵探一樣，仔細觀察周圍的環境，了解目標顧客是誰、他們喜歡什麼樣子的咖啡，是濃郁的拿鐵？還是清新的冷萃？同時觀察競爭對手，看看對手的優勢和不足，這樣才能找到自己的獨特之處，讓你的咖啡店與眾不同。

接下來，商業計畫就像是這場冒險的地圖，它會指引你前進的方向，幫助你規劃資金的使用，確保每一步都走得穩健。

選擇地點同樣重要。找一個人流量大的地方，顧客可以在你的咖啡店裡聚會、聊天，如此場景一定會讓你充滿成就感。租約條款務必仔細檢查，確保不會在未來經營時遇到麻煩。

當然，咖啡店的設計和裝修也是夢想成真的關鍵。選擇一種風格，無論是復古、現代還是文藝，讓每一位走進來的顧客都能感受到獨特的氛圍。想像一下顧客在精心設計的環境中享受一杯香濃的咖啡，這是多麼美好的畫面！

然後，菜單的設計就像是咖啡店的名片。可以根據顧客的需求，提供多樣化的選擇，讓他們每次來都能有新的驚喜。此外，保持產品的品質當然重要，這樣才能讓顧客一次又一次回來，成為你的忠實同好。

籌備過程中，別忘了招聘和培訓團隊。員工能夠熱情地為顧客服務，並對咖啡的每一個細節都瞭若指掌時，將為你的咖啡店增添無限魅力。

與此同時，營銷和推廣不可或缺。利用社交媒體分享咖啡的製作過程和顧客的美好瞬間，當你的咖啡店成為社交媒體上的熱門話題，顧客紛紛前來打卡，那將是多麼令人興奮的時刻！

最後，持續改進是讓咖啡店長久經營的關鍵。

隨著時間推移，市場會不斷變化，顧客的需求也會改變。保持敏感，隨時調整你的經營策略，這樣才能在競爭中立於不敗之地。

開咖啡店的旅程雖然充滿挑戰，但只要用心經營，努力學習，最終一定能夠實現你的夢想，讓每一杯咖啡都成為顧客心中難忘的回憶！

咖啡的守護者與傳承者

咖啡已經成為許多人生活中不可或缺的一部分，咖啡師則是此文化的守護者與傳承者。

咖啡師的工作不僅僅是製作一杯飲品，更是藝術與態度的展現。每一位咖啡師都需要經歷漫長的磨練與自我學習，才能在繁忙的咖啡館中游刃有餘地舞動。

咖啡師的工作過程始於選豆，這是一門需要敏銳嗅覺和豐富知識的技藝。每種咖啡豆都有其獨特的風味與特性，咖啡師必須了解箇中差異，才能選擇最適合的豆子。接下來的烘焙過程更是關鍵，烘焙的時間與溫度會直接影響咖啡的香氣與口感。烘焙過程中，咖啡師宛如藝術家，精確掌控每一個細節，讓豆子的潛能得以釋放。

磨粉與沖泡是咖啡師展現技術的舞台。根據不同的沖煮方式，咖啡師會調整粉末的粗細，並選擇合適的水溫與萃取時間。每一個動作都需要經過反覆的練習與調整，才能達到最佳風味。咖啡師在咖啡機前忙碌時，實際上是在用心與顧客交流，將自己的熱情與創意注入每一杯咖啡。

咖啡師在市場中的定位

隨著人們對咖啡品質和飲用體驗要求的提高，咖啡師的專業知識和技能變得愈加重要，不僅需要掌握咖啡的萃取技術，還需了解不同咖啡豆的來源、風味特徵以及如何將這些元素融合在一起，為顧客提供獨特又難忘的飲用體驗。

當咖啡師的定位逐漸演變為一門專業，受到廣泛的尊重和重視，不僅是咖啡店的營運者，更是品牌代言人和顧客的咖啡導師。

隨著精品咖啡的興起，咖啡師的角色更是不斷擴展，從單純的飲品製作轉向了教育、推廣和文化傳承。如此轉變不僅提升了咖啡師的專業形象，也讓他們成為咖啡文化的重要推動者。

而當咖啡師的角色不僅僅是製作一杯咖啡那麼簡單，而是咖啡藝術的創造者、風味的探索者和顧客體驗的設計者，深入探討咖啡師在市場中的定位，不僅有助於理解咖啡師在咖啡產業中的價值，還能揭示咖啡文化的多樣性和深度。

以下探討咖啡師的職業發展、技能要求以及如何在競爭激烈的市場中脫穎而出，並為顧客創造獨特的咖啡體驗。

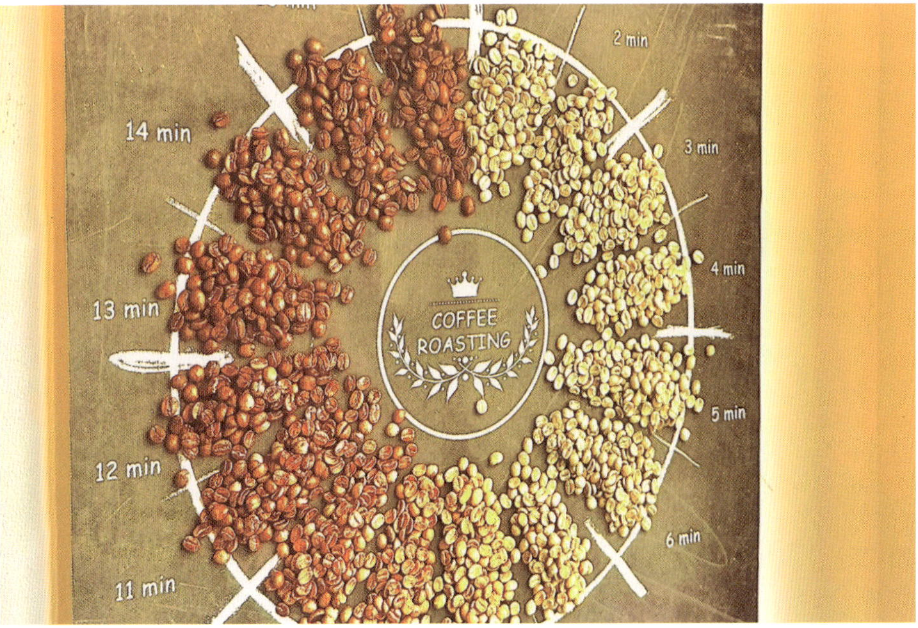

各式豆款圖

咖啡市場的現狀與挑戰

咖啡市場是一個充滿活力的行業，同時也伴隨著激烈競爭和內部爭議。咖啡圈內的批評與謾罵往往源自對於咖啡品質、製作技術和文化理解的不同看法。這種情況讓許多咖啡師感到困惑，甚至影響到職業熱情。

咖啡師如何獨善其身

保持專業素養

持續學習——參加咖啡培訓課程、品鑑會和行業研討會，提升自身專業技能。

了解市場趨勢——關注咖啡行業的最新動態，了解消費者的需求和偏好。

建立個人品牌

社交媒體——利用 Instagram、Facebook 等平台分享自己的咖啡製作過程、心得和創意，吸引同好。

參加比賽——參加各類咖啡比賽，展示自己的技術和創意，提升知名度。

保持良好心態

不受負面影響——對於咖啡圈內的批評和爭議，保持冷靜，專注發展自己的專業。

建立支持系統——與志同道合的咖啡師和愛好者建立聯繫，互相支持和鼓勵。

擴大格局的策略

探索多元化的咖啡文化

了解不同國家的咖啡文化，學習各種咖啡的製作方法，將其融入自己的工作中。開展咖啡工作坊，分享自己的知識和經驗，吸引更多人參與咖啡文化。

開發創新產品

根據市場需求，開發創新的咖啡飲品或搭配小食，吸引不同類型的消費者。與在地農產品合作，推出季節性飲品，提升產品的獨特性。

建立良好的顧客關係

了解顧客的需求，提供個性化的服務，讓顧客感受到被重視。蒐集顧客的反饋，根據反饋不斷改進自己的服務和產品。

心態調整與平衡

咖啡師的心態

對待工作有熱情和耐心，並對自己的技術和產品有信心。

對於批評，以開放的心態接受，從中學習和成長，而非抱怨。

平衡立場

理解消費者的需求與期望，並在此基礎上調整產品和服務。

與消費者建立良好的溝通，了解他們的偏好，並根據反饋改進。

對於想成為咖啡師的人，我建議多多參加實習和工作坊積累實際經驗，了解咖啡行業的運作。同時保持好奇心，勇於嘗試新的咖啡製作技術和風味組合。

對於已經投身咖啡產業的人，我建議定期反思，檢視自己的工作和成長，尋找改進空間。同時建立良好的職業網絡，與業內專業人士交流，分享經驗和資源。

在這個充滿機會與挑戰的行業中，咖啡師唯有保持專業、持續學習，並且善用個人品牌，才能在競爭中脫穎而出。面對內部的爭議與批評，保持冷靜和專注，與消費者建立良好的關係，才能在百家爭鳴中找到自己的位置。

另一方面，顧客應該理解咖啡師的辛勞，並以尊重的態度對待他們的專業。

過分的要求或不合理的批評只會影響咖啡師的工作情緒，降低自身品味。點一杯咖啡不僅是對咖啡師辛勤付出的肯定，更是對咖啡文化的支持。尊重專業是身為客人最好的涵養，用金錢消費就是給予最好的回饋。

讓我們在享用咖啡的同時，真心敬佩這份美好的職業，成為有品味的客人，並在每一次的咖啡體驗中，傳遞出我們對咖啡師的感激與尊重。

咖啡競技的魅力

當咖啡師站在比賽的舞台上，心中懷著激動與緊張的情緒，那不僅是一場技藝的比拚，更是一場心靈的修煉。

每一位選手都帶著自己的故事，背負著夢想與期望，面對著觀眾的目光、評審的評價和競爭對手的挑戰，如何穩住陣腳，淋漓盡致地展現所學的技藝，成了每位選手必須面對的課題。

調整心境

賽前準備中，心境的調整相當重要。比賽前幾天，選手往往會同時經歷焦慮與期待，這時自我調適便成了關鍵。可以透過冥想、深呼吸等方式讓自己平靜下來，集中注意力於比賽的每一個細節。想像自己在比賽中自信地操作，與咖啡的每一個細節親密接觸，這樣的心理建設能夠讓你在比賽中更好地發揮。

展現技藝

比賽時需要將自己多年的學習與實踐融入到每一杯咖啡的製作中。每一個動作、每一個細節都不容忽視，需要展現的不僅是技術，還有對咖啡的熱愛與理解。這是一種藝術的表現，得用心感受每一種咖啡豆的特性，將其轉化為獨特的風味。

比賽過程中，用心感受每一個環節，從研磨、萃取到拉花，每一個動作都應該流暢而富有韻律。這不僅是對技術的挑戰，更是對心靈的洗禮，從中

2015 年台灣 PCA 拉花大賽總冠軍

感受咖啡的靈魂，並將這份靈魂傳遞給每一位品嚐者。

面對壓力

比賽時，壓力無處不在。觀眾的目光、評審的評價、競爭對手的實力，都可能讓人不安。然而，壓力也可以轉化為動力。學會將外部的壓力內化為自身動力，提醒自己為何參賽，為何熱愛咖啡。

面對壓力，選擇將注意力集中在當下的每一個步驟，而非過度關注結果。這樣能夠減少焦慮，專注於自己的表現，享受整個過程。

與評審交流

比賽過程中，與評審的交流是一個重要環節。評審不僅僅是針對選手的技術做評價，也包含選手的理解與表達能力。清晰表達自己的理念，讓評審感受到你對咖啡的熱愛與專業。

可以在比賽中主動與評審互動，分享自己對咖啡的理解，這不僅能增強自信心，還能讓評審更深入理解你的作品。交流之中，你也能獲得寶貴的反饋，進一步提升自己的技藝。

享受過程

比賽的最終目的不僅僅是追求獎項，更是享受整個過程。能在舞台上與其他咖啡師交流，分享彼此的經驗，本身就是一種收穫。無論結果如何，每一位選手都會從中成長，這段經歷都將成為人生旅程中重要的一部分。

學會珍惜舞台，享受與咖啡的每一次親密接觸，享受與觀眾的每一次互動，享受與評審的每一次交流。如此心態能讓你在比賽中更加放鬆，發揮最佳狀態。

在咖啡比賽的舞台上，選手們面對的不僅僅是技術的挑戰，更是心靈的考驗。如何穩住陣腳，將所學的技藝投入到比賽中，並享受這個過程，是每位選手必須學會的課題。每一位咖啡師都是藝術家，他們用心靈與技術創造出一杯杯獨特的咖啡，這份熱愛與堅持，將在比賽的舞台上綻放出耀眼的光芒。

讓我們在這個舞台上，勇敢地展示自己，享受每一個瞬間，因為這是一場屬於我們的印記。無論成敗，這段旅程都將成為我們心中永恆的記憶，激勵著我們在未來的日子裡，繼續追尋那杯完美的咖啡。

2019 年義大利米蘭世界拉花金牌

咖啡杯測師：嗅覺的輕舞與味覺的狂想

在這個快節奏的時代，咖啡已不僅僅是提神飲品，而是一場香氣與風味的藝術盛宴。咖啡杯測師的使命，便是透過敏銳的嗅覺與味覺，探索每顆咖啡豆背後的故事，將獨特的風味與情感傳遞給每位熱愛咖啡的人。

香氣的舞蹈

杯測時，香氣是最先接觸的感官體驗。熱水與咖啡粉相遇，瞬間釋放的香氣如優雅舞者，輕盈地在空氣中翩翩起舞。花香、果香、堅果香，甚至是巧克力的濃郁，每種香氣都訴說著咖啡豆的來源與特性。閉上眼睛，深吸一口氣，讓香氣在鼻腔中徘徊，試著分類與描述香氣，尋找最動人的旋律。

風味的靈魂

香氣之後，風味展現了咖啡的靈魂，包含酸質、甜度、苦味和口感等多重元素。

每一口咖啡都是味覺的探險，感受大自然的恩賜。仔細品味，注意酸質的明亮、甜度的圓潤，以及苦味的適中，這些風味的組合如同色彩斑斕的畫作，讓人沉醉其中。

酸質的平衡

許多人對咖啡的酸質抱有誤解，認為酸味一定不好。事實上，適當的酸質為咖啡增添了活力與層次，宛如樂曲的高音，為整體風味帶來明亮的對比。

酸質的平衡是一門藝術，正如調酒師調配雞尾酒，每種風味的搭配都需精心考量，才能達到完美和諧。

觸感的詩篇

品嘗咖啡的過程中，body 的感受不可忽視。它決定了咖啡在口腔中的存在感，讓我們感受到厚重與豐盈。觀察咖啡的質感，是否如絲滑的奶油？還是如顆粒感的堅果？這些細膩觸感能讓人感受到咖啡的多樣性與豐富性。

餘韻的印記

品嘗咖啡後，餘韻悄然浮現。餘韻是回味的延續，讓我們的心中留存著咖啡的印記。

餘韻的長度與質感往往反映了咖啡的品質與特性。靜靜等待，感受餘韻的持久與變化，那正是咖啡的魅力所在。

平衡的交響曲

在咖啡世界中，平衡至關重要。每種風味的交織如同交響曲的演奏，咖啡杯測師需敏銳捕捉這些細微變化，將它們轉化為客觀描述。比較每種風味，尋找關聯與差異。杯測師不僅是品嘗者，更是咖啡的詩人，將美妙的瞬間用文字記錄下來，讓更多人感受咖啡的浪漫與專業。

公平交易的理念

杯測的目的不僅在於滿足味蕾，更是幫助咖啡農評估咖啡豆的品質。透過客觀評分標準，為咖啡農提供有價值的反饋，幫助他們改進栽種與處理方法，提升咖啡品質。每粒咖啡豆背後都有農民的辛勤與汗水，讓咖啡愛好者品嘗到最優質的咖啡。

精品咖啡三角關係

深焙咖啡豆、精品咖啡和酸質高的咖啡之間的關係複雜，以下是相關分析：

・深焙咖啡豆一定是苦的嗎？

深焙咖啡豆通常會有較強的苦味，這是因為在焙煎過程中，咖啡豆的糖分被轉化為焦糖，而且高溫會產生苦味的化合物。然而，並非所有深焙咖啡都一定是苦的。苦味的強度還取決於咖啡豆的種類、產地、處理方式以及焙煎的時間和溫度。某些深焙咖啡可能會有其他風味特徵，例如巧克力、堅果或煙燻味，這些風味都可以平衡苦味。有些深焙豆的咖啡喝起來完全不苦，並帶有深度的味譜。

・精品咖啡一定要淺焙嗎？

精品咖啡的定義通常與咖啡的品質、風味和來源有關，而不僅僅是焙煎程度。雖然淺焙咖啡常常被認為能更好地展現咖啡豆的原產風味和酸度，但精品咖啡也可以是中焙或深焙的。淺焙咖啡通常保留了更多的酸味和果香，深焙則可能帶來更濃郁的口感和香氣。關鍵在於烘豆師如何控制焙煎過程，以展現咖啡豆的最佳風味。

・酸的咖啡一定是好咖啡嗎？

酸味在咖啡中是一個重要的風味特徵，特別是在精品咖啡中，適度的酸味可以增添層次感和複雜性。許多咖啡愛好者喜歡酸味明亮的咖啡，因為它們通常能夠展現出豆子的獨特風味。然而，酸味的好壞是主觀的，不同的人對酸味的接受程度不同。過度的酸味可能會讓某些人覺得不愉快，因此，酸味並不是評價咖啡好壞的唯一標準。好的咖啡應該是風味平衡的，酸、甜、苦等元素協調共存。

深焙咖啡豆通常有苦味，但不一定。

精品咖啡不一定要淺焙，焙煎程度取決於風味展現。

酸的咖啡不一定是好咖啡，風味的平衡和個人口味才是關鍵。

這些因素都表明，咖啡的風味是一個多維度的體驗，沒有單一的標準來評價好壞。

咖啡的世界廣闊而美妙，每位熱愛咖啡的人都可以成為專業的咖啡杯測師。用心感受，透過不斷學習與實踐，人人都能在這片香氣四溢的領域中找到自己的位置。

走進咖啡的世界，探索風味的層次，每杯咖啡都是感官的饗宴。過程中，我們不僅品嘗咖啡，也品味生活，並在熱情中共同成長與進步。

學員杯測實錄

後語

我的咖啡教養過程

文／朱明德

A大於1，而A就是無限大。

學習咖啡的過程中，我總是不明白咖啡為什麼要加入其他東西，為什麼不能像喝茶一樣喝得純粹些？總認為喝咖啡不添加就喝不下去，這不是瘋了嗎？

成為從業人員一段時間後，我慢慢明白，至少能夠接受，喝咖啡可以添加。每個人的飲用與認知不同，總有自己的喜好。

當然，這也是我從業後、教學後，對於自己的認知。現在有時候還覺得喝過咖啡配點蛋糕好像還不錯，總算認清了，人就是要不斷地接受不同的立場甚至對立的立場。

說實話，在咖啡這一行，在學習教育上，本質讓你開心、不開心，都是學習。學習中，有些事物擁有顛覆三觀的價值，接受對立就是一種教育。

這也是柏拉圖所說的鑽出洞穴。我們或許習慣了洞穴的生活，洞穴中的那些影子，就是你知道的事，也像是對咖啡所有的認知，但柏拉圖提醒我們，那不過是影子。

這段話同樣提醒了我，雖然會有一番掙扎，但這就是學習。

喜歡自己的咖啡觀點，也接受不同的看法，這就是我的咖啡教養過程。

後語

無聲咖啡之路：微光中的信仰

文／周正中

在這個繁忙的城市裡，咖啡的香氣如同晨曦般，穿透了我生命中的黑暗。我的人生曾經如同無聲的海洋，波濤洶湧，卻無法傳遞任何聲音。聽不見的世界讓我感到寂靜，卻也讓我在沉默中學會了觀察，學會了用心去感受。

回想起接觸咖啡的瞬間，恍如昨日。

那時我正經歷人生的低谷，心中充滿迷惘與不安。工作上的挫折，生活上的失落，讓我彷彿置身於幽暗深谷，無法自拔。就在那無法入眠的夜晚，我翻找書架時偶然發現一本關於咖啡的書籍，書中細膩的描述對我產生了莫名的吸引力，彷彿咖啡能帶我走出陰霾。

學習沖泡咖啡的過程充滿了挑戰，尤其對我這個聽不見聲音的人來說，所有感官都需要更加敏銳。

磨豆的聲音、沖泡的技巧、咖啡的溫度，這些對他人來說自然而然的感受，卻成為我必須克服的挑戰。每次失敗都讓我感到沮喪，卻始終堅信這份信仰能帶領我走出困境。

學習的過程中，我常常想起「無畏並不是沒有恐懼，而是擁有恐懼和懷疑，仍勇敢生活」這句話，每當面對困難，這句話如同明燈，照亮著前行的道路。

我參加各種咖啡課程，從基礎的沖泡技術到咖啡豆的選擇，每個細節都感受到咖啡的魅力，因此即便艱辛，卻始終不曾放棄。我知道，這是心中微光的所在。

過程中，我做為一名咖啡師，感受到的責任與使命感愈加強烈。當我站在咖啡機前，將烘焙好的豆子倒入磨豆機，觸摸著豆子磨碎時發出的細微震響，能感受到一顆顆咖啡豆背後的故事。這不僅僅是為了提供一杯飲品，更是將咖啡的歷史、文化與情感傳遞給每一位顧客。我手中的每一杯咖啡都是一個故事的延續，是讓人們在品味中感受那份苦與甜的交響樂。

隨著對咖啡的熱愛日益增長，我決定參加國際咖啡大賽。這是一個全新的挑戰。站在比賽的舞台上，我心中充滿緊張與期待，雖然無法聽見周圍的聲音，仍能感受到熱烈的氛圍。每位參賽者都是競爭對手，同時也是學習的榜樣。

比賽中，我努力展現對咖啡的專業與熱愛，最終在台灣的咖啡拉花比賽中獲得冠軍。那一刻的榮耀，讓我感受到無比的喜悅，在頒獎台上手握著獎杯，心中充滿了感恩與喜悅。這份榮耀不僅屬於我，更是對所有支持我的人的感謝。

隨後，我前往義大利參加金杯認證的比賽，那是我心中長久嚮往的舞台，那裡聚集了無數咖啡愛好者，交流著對於咖啡的熱情。我站在那裡，感受到了濃厚的咖啡文化。終於奪取世界拉花的金牌時，我心中充滿自豪與感激。

這一切的成就，都是對咖啡信仰的回報。

接著，我開始當講師並舉辦咖啡分享會，將學到的知識與經驗傳遞給更多人。每次分享都是一場心靈交流。看到參加者眼中閃爍的光芒，心中感受到無法言喻的幸福。這不僅是對咖啡的熱愛，更是對生活的感恩。

我不斷地學習與進修。咖啡的世界如此廣闊，總有新知識等待探索。正如愛因斯坦所說，「活著就是不斷地學習」，我深知只有不斷進步，才能在這條路上走得更遠。每一次學習都是自我挑戰，俾使在咖啡的世界中更成熟。

追尋夢想的過程中不免遇到挫折與挑戰，也曾陷入瓶頸，無論怎麼努力似乎都無法突破。那段常常感到沮喪的日子裡，我甚至懷疑過自己的選擇，但是每每端起咖啡，感受那股濃郁的香氣，心中的信仰便會再次點燃。

在這條無聲的咖啡之路上，我學會珍惜每個當下，感恩每個支持我的人。正如海明威所言，「生活總是讓人感到失望，但我們必須學會在失望中找到希望」，我深信只要懷抱信仰，勇敢面對挑戰，一定能在生活的低潮中找到屬於自己的初衷。

咖啡即是生活，生活需處處用心！

LIFE 063

精品咖啡修行者：從選豆到萃取，咖啡職人的真誠獨白

作　者—朱明德、周正中
攝　影—林永銘
梳　化—陳思婷
責任編輯—陳詠瑜
行銷企畫—林欣梅
內頁編排—張靜怡
封面設計—ＦＥ工作室
場地提供—EVA CASA 精品咖啡館

總 編 輯—胡金倫
董 事 長—趙政岷
出 版 者—時報文化出版企業股份有限公司
一〇八〇一九臺北市和平西路三段二四〇號三樓
發行專線—（〇二）二三〇六—六八四二
讀者服務專線—〇八〇〇—二三一—七〇五
（〇二）二三〇四—七一〇三
讀者服務傳真—（〇二）二三〇四—六八五八
郵撥—一九三四四七二四時報文化出版公司
信箱—一〇八九九臺北華江橋郵局第九十九信箱

時報悅讀網—http://www.readingtimes.com.tw
電子郵件信箱—newstudy@readingtimes.com.tw
時報文藝粉絲團—https://www.facebook.com/readingtimesLiterature
法律顧問—理律法律事務所　陳長文律師、李念祖律師
印　刷—華展印刷有限公司
初版一刷—二〇二五年二月二十一日
定　價—新臺幣四八〇元

時報文化出版公司成立於一九七五年，
一九九九年股票上櫃公開發行，二〇〇八年脫離中時集團非屬旺中，
以「尊重智慧與創意的文化事業」為信念。

精品咖啡修行者／朱明德、周正中著．-- 初版．
-- 臺北市：時報文化出版企業股份有限公司，
2025.02
224 面；17×23 公分．--（Life；63）
ISBN 978-626-419-201-9（平裝）

1. CST：飲食風俗　2. CST：飲料
3. CST：咖啡

538.74　　114000024

ISBN 978-626-419-201-9
Printed in Taiwan